U0113678

刘万里——著

李德裕

大唐最后的贤相

中国文史出版社

图书在版编目（CIP）数据

李德裕：大唐最后的贤相 / 刘万里著 . -- 北京
中国文史出版社，2023.8
ISBN 978-7-5205-4153-4

Ⅰ . ①李… Ⅱ . ①刘… Ⅲ . ①李德裕（787-850）—
传记 Ⅳ . ① K827=42

中国国家版本馆 CIP 数据核字（2023）第 116597 号

责任编辑：高贝

出版发行： 中国文史出版社

社　　址： 北京市海淀区西八里庄路 69 号院　邮编：100142

电　　话： 010-81136606　81136602　81136603（发行部）

传　　真： 010-81136655

印　　装： 廊坊市海涛印刷有限公司

经　　销： 全国新华书店

开　　本： 787mm×1092mm　1/16

印　　张： 15.75

字　　数： 176 千字

版　　次： 2024 年 4 月第 1 版

印　　次： 2024 年 4 月第 1 次印刷

定　　价： 59.80 元

目 录

第一章　父与子　·001

第二章　青年时期　·011

第三章　排挤离京　·021

第四章　浙西观察使　·039

第五章　圣水事件　·052

第六章　希望破灭　·060

第七章　滑州施惠政　·068

第八章　西川节度使　·073

第九章　担任宰相　·085

第十章　遭遇诬陷　·103

第十一章　宫廷政变 ·110

第十二章　暗流涌动 ·121

第十三章　恢复相位 ·129

第十四章　铲除宦官 ·135

第十五章　斗智斗勇 ·141

第十六章　平定叛乱 ·151

第十七章　会昌法难 ·178

第十八章　爱茶宰相 ·187

第十九章　朋党之事 ·194

第二十章　一贬再贬 ·202

第二十一章　遐荒天涯 ·209

附录一　李德裕大事记 ·216

附录二　李德裕诗词精选 ·219

第一章

父与子

曾经辉煌一时的开元盛世，历经八年的"安史之乱"，人口大量丧失，国力锐减。八年战争使人民的生命财产蒙受了重大损失，经济遭到极大破坏。统治阶级的腐朽加重了人民的负担，促使社会矛盾不断加剧。藩镇势力乘机发展，外族经常骚扰边境，内忧外患接踵而至，社会动荡不安，到唐玄宗后期盛世大唐已经走向末路了。

唐代赵郡赞皇县人杰地灵，人才辈出，出了不少贤相、名臣、诗人、文学家等等。其中便有中国历史上杰出的政治家、文学家，晚唐名相李德裕。

李德裕，字文饶，赵郡赞皇县（即今河北省赞皇县）人，唐德宗贞元三年（787 年）出生于祖上两代为官的官宦世家。祖父李栖筠，唐朝中期名臣，在代宗朝担任御史大夫，当时颇有声望，唐史上有他的传记。李栖筠自幼丧亲，气度高远，为人庄重寡言，体态轩昂，样貌卓异。他喜爱读书，知识渊博，文思敏捷且简挹，又不随意交游。李栖筠的族子李华每每称其有王佐之才，士人也很仰慕他。李栖筠最初住在汲县的共城山下，李华坚持请求他参加科举考试。在唐玄宗天宝七年（748年），李栖筠以高第中进士。之后被调授为冠氏县主簿，郡守李岘视他为布衣之交。后来，李栖筠远赴安西都护府，进入安西节度使封常清的幕府，担任节度判官。天宝十四年（755年），封常清被召回。临行前，封常清表请李栖筠暂摄监察御史，兼行军司马。代宗常想召李栖筠入朝为相，因忌惮元载而作罢。但每有对朝臣的除授，都暗中询问他的意见，对朝政多有补益。李栖筠眼见代宗犹疑不决，心中也忧愤不已，于大历十一年（776年）三月辛亥日病逝，享年五十八岁。临终前，李栖筠自撰了墓志铭。代宗闻讯，追赠他为吏部尚书，赐谥号"文献"。李栖筠喜欢奖励善行，并不介意他人攻击自己的短处，为天下士人所推重。人们不敢直呼他的名讳，尊称其为赞皇公。

李德裕的父亲李吉甫（758—814年），字弘宪，出身于赵郡李氏西祖房，年轻时好学，能够写文章，所以早年便门荫入仕，历任左司御率府仓曹参军、太常博士、屯田员外郎、明州长史、忠州刺史、柳州刺史、考功郎中、中书舍人等职。元和年间，李吉甫两次被拜为宰相，其间一度出掌淮南藩镇，爵封赵国公。他策划讨平西川、镇海，削弱藩镇势力，还裁汰冗官、巩固边防，辅佐宪宗开创"元和中兴"。元和八年（813年），李吉甫编写了《元和郡县图志》一书，这是我国现存最早的一部地理总志。另著有《六代略》《国计簿》《百司举要》等。元和九年（814年），李吉甫去世，追赠司空，谥号忠懿。

李德裕兄弟三人，其排行为二，庶出。哥哥李德修在唐敬宗宝历年间为上部员外郎，历任舒、湖、楚三州刺史，以长子身份继承父亲李吉甫的爵位做了赵国公。李德修卒年不可确知，约文宗时，宣宗初加赠礼部尚书。

李德裕天资机敏，才智过人，学识渊博，特达不群，从小就有治国平天下的远大志向。尽管李德裕家境优越，父亲又身居高位，但他从小就有理想和抱负，不是贪恋荣华富贵之人，更无纨绔之气。他一直都是积极进取的，以父亲为榜样，不断学习，努力做人。当同龄人都在玩耍时，他已经在苦读诗书。当别人早早入睡，他还在挑灯夜读，小小年纪，便被人们称为神童。

有则典故叫"语惭武相"，说的就是神童李德裕的故事。

李德裕幼年时便资质不凡，才智出众，皇帝唐宪宗很喜欢他，对他非常赞赏，常把他抱坐在膝上。李德裕的父亲李吉甫，生了这样一个神童儿子，自然是非常骄傲，常在同僚面前称赞儿子的敏辩。大家看在宰相大人的面子上，都夸赞李德裕为神童，何况他的确优秀。当李吉甫跑到宰相武元衡面前吹嘘自己的孩子时，武元衡表示不屑一顾，不就一个乳臭未干的小孩，有必要说得那么神奇吗？

李吉甫不高兴了，人人都夸他的孩子，武元衡却不屑一顾，这让李吉甫心中不是滋味。于是，李吉甫特地把李德裕从家里带到尚书省，让李德裕去拜见武元衡，让武元衡亲眼见识一下自己的孩子是多么地优秀。到了尚书省，恰好有人找李吉甫，李吉甫就让儿子李德裕自己看书打发时间，他自己转身出门办事去了。

这时候武元衡来了，他看到李德裕很高兴。李德裕初见武元衡也很有礼貌，看看他的衣服颜色，知道是父亲的同事，连忙起身行礼问安，一副小大人的模样。武元衡让李德裕坐，李德裕斜着身子坐了。武元衡见到李德裕，就想考量考量他是不是像他父亲说的那样出色，于是，提了一个问题。

武元衡问："吾儿在家，所嗜何书？"

武元衡很客气，称呼李德裕为"吾儿"，提问也很简单。一般小孩贪玩，但李德裕神童名声在外，自然看了很多书，从交流读书谈起，武元衡顺便可以探探其志向。没想到武元衡的问题抛出之后，李德裕竟然久久不回答。武元衡以为李德裕回答不出来，哈哈一笑，转身出门去了。

出门之后，半路上恰好遇上了办完事回来的李吉甫，李吉甫问："我儿子还不错吧？"

武元衡说："公诚涉大痴耳。"

对于武元衡的嘲笑，李吉甫自然不肯答应，连忙询问原因，武元衡就把自己提问，而李德裕无言以对的事说了出来。李吉甫很是惭愧。

李吉甫回去之后，很生气地斥责李德裕丢了自己的脸。可李德裕平静地说："武大人身为皇帝的辅政大臣，不问如何治理国家，而问读什么书。读书考试，那是学校和礼部的职责。他的问话不合适，所以我不回答。"

李吉甫听后大喜，第二天把儿子的回答又告诉了武元衡，武元衡非常惭愧。由于这件事，李德裕的声名迅速传播开来。

少年时期的李德裕曾在东都洛阳南郊伊川县的平泉庄别墅读书求学，那里清溪翠竹，树石幽奇，环境幽雅。李德裕少年即有壮志，苦心致力学业，尤其精通《汉书》《左氏春秋》，但他不喜欢参加科举考试。

李德裕身体强健，精力过人。他生性疾恶如仇，对于善恶是非观念十分分明，自己也常常以有治理天下的才干而自负。李德裕生性节俭，不喜欢饮酒，更不好声色犬马。

他的书法非常出众，观其力而不失，身姿展而不夸，笔迹流水行云，尤其精通隶书。穆宗即位之初，禁中书诏典册，多出其手。近代学者罗振玉《石交录》卷四撰文极力推崇李德裕的书法，他认为汉唐古体隶书以李德裕写得最好："尚存古法者，有唐惟李卫公一人耳。"

李德裕的诗歌和文章在唐代也是一流的。其文思敏捷，下笔如有神，文章有理有据，极有气势，文字清逸婉丽，流畅如水，不刻意追求华丽的辞藻和音韵，出口成章，落笔成文。因而李德裕在二十岁之前就以才华横溢和志向远大而在家乡一带名闻遐迩，望重一方了。

李德裕自出生起就一直跟随在父亲身边。他的性格与才华受父亲的影响很大。

他生于西京万年县安邑坊，彼时其父李吉甫三十岁，在京做官，时任太常博士。李德裕虽为小妾所生，但李吉甫非常疼爱他。李德裕出生这一年，唐朝已经放弃了对西域的控制，北庭、安西变得孤立无援。唐盟使与吐蕃宰相尚结赞会盟于平凉，此前唐朝已与吐蕃六次会盟、三次议定边界，不过吐蕃对会盟并无诚意，最终酿成平凉会盟上唐廷盟官被捕杀、唐盟使浑瑊逃跑的劫盟恶果，因此盟约作废。此后唐吐恢复交战状态并在西北、西南地区进行拉锯战，直到唐宣宗大中年间唐朝才收复大部分失地。这年六月，李泌由陕虢观察使入相，为中书侍郎、平章事。九月，回鹘可汗遣使入唐求婚，德宗以其女咸安公主嫁之。北、西边境两头吃紧，焦头烂额的唐德宗诏令咸安公主和亲回鹘，借助回鹘的力量牵制吐蕃，以夷制夷，是唐德宗没有办法的办法。唐德宗即位时，经过安史之乱的大唐王朝，国力衰弱，边境不宁。北有傲慢不羁的回鹘，西有不断寇掠的吐蕃，大唐帝国一度陷入困境。其间，回鹘可汗"屡求和亲，且请婚，上未之许"。

李德裕三岁时，李吉甫任屯田员外郎兼太常博士，为李泌、窦参所器重。这年二月庚子，窦参升为宰相；三月甲辰，李泌卒。

李德裕五岁时，李吉甫转户部员外郎。

李德裕六岁时，李吉甫坐窦参党，被贬为明州员外长史，时年三十五岁。李德裕随父至贬所。同年，韩愈、欧阳詹、李观、李绛登进士科，裴度登博学鸿词科，兵部侍郎陆贽知贡举。关于窦参被贬原因历来众说纷纭，有史书认为是窦参和陆贽的矛盾，韩愈《顺宗实录》卷四更载为"议者多言参死由贽"。实际情况恐非如此。唐德宗以"阴狡而愎，恃权而贪"将窦参贬至柳州。宣武节度使刘士宁送给窦参绢五十四，湖南观察使李巽上疏检举他"交通藩镇"。德宗怒，欲杀窦参。陆贽替窦参说情，才未被杀，贬作郴州别驾，隔年，再贬驩州司马。不久赐死，全部家产、奴仆送至长安，连头上戴的发簪也充公。细览史籍的记载，可以推究出窦参贬死之缘由。此谓窦参受到藩镇之忌恨，阴谋报复之。窦参在御史任上，揭发官吏的不法行为不讲情面，不畏权势，得罪不少人。他得到唐德宗宠信，掌握了大权，从此行事专横。唐德宗对地方强藩既惧兼恨，尤其嫉恨朝臣与藩镇的勾连，藩镇如李纳等即利用唐德宗的这一心理，故意以钱帛馈赠窦参，引起唐德宗的猜忌，再加以宦官从旁诽谤，窦参终于被贬死。此事并非有些论著所谓是陆贽集团与窦参集团的斗争，而是藩镇、宦官利用唐德宗的猜忌之心，对窦参进行诬陷与打击。

李德裕七岁时，柳宗元、刘禹锡、武儒衡登进士科，元稹登明经科，李绛登博学鸿词科，户部侍郎顾少连知贡举。其父李吉甫仍在明州员外长史任。因是贬谪，名为员外官，并无实职。闲暇时光，李吉甫就教李德裕识文断字，自己也写诗文，这年十一月写的《编次郑钦悦辨大同古铭论》，世人以为传奇小说，鲁迅也把这篇文章辑入《唐宋传奇集》卷二。

李德裕八岁时，其父李吉甫仍在明州员外长史任，陆贽宰相职位被罢免，成为太子宾客。

李德裕九岁时，陆贽由太子宾客再贬为忠州别驾，李吉甫由明州员外长史迁为忠州刺史。忠州历史悠久，西汉置临江县，王莽时期改称临江，仍属巴郡。唐太宗李世民感临江县忠勇志士辈出，改临江为忠州，是山南东道忠州州治所在地。堂堂一个宰相，转眼变成了李吉甫的属下，这样的安排自然是当朝宰相裴延龄故意为之。裴延龄与陆贽有矛盾，抱着幸灾乐祸的心情静候李吉甫打击陆贽的消息。这年夏天，李吉甫带着妻子和儿子李德裕一同去忠州赴任。当时的人们都普遍认为李吉甫一定会借机报复陆贽。李吉甫到了忠州，以宰相礼事，以厚礼待陆贽。李吉甫上任之后，与陆贽相处得很好，丝毫不提旧怨。当时的人们都十分钦佩李吉甫的宽宏大度，称赞他有君子风范。李吉甫以德报怨、大度容人的风度，一定令年幼的李德裕感触良多，也从中学到了不少做人的道理。

在如何对待陆贽这一问题上，李吉甫当然清楚地知道宰相裴延龄的意图，可是他却甘冒得罪当朝权相的危险，也不去报复、加害陆贽这个曾经迫害过自己而今失势落魄的对头，如此救人危难、仗义处世的高尚品德被世人称道，也一定使年轻的李德裕感慨万分，从而磨炼了他刚强耿直、不畏强权的个性，强健了胆魄和意志。这对于他后来的刚直不阿、勇于直言、坚持正义、明辨是非的作风一定影响颇深。李吉甫却因此得罪了宰相裴延龄，致使他六年得不到升迁。

此后几年，李德裕一直生活在忠州。李德裕十四岁这年，宰相郑余庆被贬为郴州司马，这也是唐德宗忌刻的表现。这年，白居易、杜元颖登进士科，中书舍人高郢知贡举。

李德裕十五岁这年，李吉甫因病罢忠州刺史任，但仍留住在忠州。

李德裕十六岁这年，李吉甫被任命为郴州刺史，因病未赴任，仍住在忠州。

李德裕十七岁这年夏天，跟随父亲李吉甫一同去郴州赴刺史任。此时宰相郑余庆被贬为郴州司马，系李吉甫属下。李吉甫在郴州曾有题名传于后世，还有《夏日登北楼十韵》，元和时杨于陵、柳宗元曾有和作。现李吉甫原诗已佚。

柳宗元《奉和杨尚书郴州追和故李中书夏日登北楼十韵之作依本诗韵次用》原文如下：

> 郡楼有遗唱，新和敌南金。境以道情得，人期幽梦寻。
> 层轩隔炎暑，迥野恣窥临。凤去徽音续，芝焚芳意深。
> 游鳞出陷浦，唳鹤绕仙岑。风起三湘浪，云生万里阴。
> 宏规齐德宇，丽藻竞词林。静契分忧术，闲同迟客心。
> 骅骝当远步，鶗鴂莫相侵。今日登高处，还闻梁父吟。

清陈景云《柳集点勘》曰："凤去，谓吉甫去官；芝焚，则伤其逝。"由此可见柳宗元对李吉甫之敬仰。回想"语惭武相"这则典故，李吉甫常在同僚面前称赞儿子李德裕的敏辩，面对柳宗元这样的大家，他一定把儿子引荐给了柳宗元。不久，李吉甫又改授饶州刺史，直到这年冬天才去赴任。就在这一年，杜牧出生，白居易与元稹以书判拔萃科登第。

这些年来，李吉甫身体有病，远谪外地，李德裕一直随侍左右以照顾多病的父亲，这段时间也就暂时无意于仕途功名了。在这期间，父亲的所作所为深深影响着李德裕，他告诫自己今后也要做一个顶天立地的男人，做一个对朝廷有贡献的人。那些日子，李德裕除了看书，就是游览祖国大好河山，甚至希望能像李白一样游山玩水。他曾到浙江省绍兴会稽山上，探访和古代大禹有关的禹穴，那里是汉代史学家司马迁曾经到过的地方。他还游历了楚州的江海湖泊之地，攀登上险峻的巫山，畅游了沅江和湘江，瞻仰了衡山的壮伟雄姿。年轻的李德裕游历这些名胜古迹、奇山大川，开阔了胸襟，增长了阅历、学识，也锻炼了体魄，陶冶了情操。这些对于他后来的入朝辅政都大有裨益。

李德裕十九岁这年，唐德宗驾崩，太子李诵即位，是为顺宗。李吉甫有《贺赦表》，对新政表示拥护。此时，李吉甫仍为饶州刺史。

李吉甫在来饶州之前，州城因为连续死了四个州官，城池废弃，无人居住，又传说有怪异之事，郡中百姓都相信它的灵验。李吉甫来了之后，开了城门的锁，剪除了荆榛而住在这里，后来人们才安定下来。李吉甫在饶州大力破除迷信，对李德裕产生了很大的影响，以至于李德裕从政后也曾大力破除迷信。

这年三月，被贬的郑余庆、陆贽、阳城等被召回京城，陆贽和阳城未能赴命死于贬所。五月，郑余庆回京，被任命为尚书左丞。七月乙未，诏"军国重事，宜令皇太子勾当"。八月庚子，顺宗被宦官逼迫退位后病死，终年四十六岁。顺宗是以长子被立为皇太子，由于父亲德宗在位时间长，他做太子的时间长达 26 年。顺宗在位期间，没有以皇帝身份过过一个新年。即位当年的新年，他就已经是太上皇了。算起来，顺宗在位时间还不足 200 天，在整个唐朝皇统体系中，他应该是在位时间最短的皇帝之一了，另外几个在位时间短的皇帝还有中宗（两个月）、睿宗（七个月）、殇帝（一个月）。顺宗死后，太子李纯即皇帝位，是为宪宗。改贞元二十一年（805 年）为永贞元年，任郑余庆为宰相，同中书门下平章事。

八月，李吉甫由饶州召入为考功郎中、知制诰。李德裕随父由郴州到饶州，又由饶州回京。

十二月，李吉甫升为中书舍人，那是正五品上的官阶，掌管皇帝的文书诏令，赐穿紫袍，受到宪宗皇帝赏识。

不久，刘禹锡等被贬到远州。李宗闵、牛僧孺等登进士科。

特别是李宗闵、牛僧孺，后来成为李德裕从政路上一辈子的死对头，这就是历史上有名的"牛李党争"。"牛李党争"通常是指唐代统治后期的 9 世纪前半期以牛僧孺、李宗闵等为领袖的牛党与李德裕、郑覃等为领袖的李党之间的争斗。斗争从唐宪宗时期开始，到唐宣宗时期才结束，持续时间将近 40 年，最终以牛党获胜结束。以致唐文宗有"去河北贼易，去朝中朋党难"之叹。

第二章

青年时期

李德裕跟随父亲来到京城后，已经到了入仕做官的年龄了。当时的科举考试是唐代选拔人才的主要途径，也许是受祖父和父亲的影响，心高气傲的李德裕也不愿意参加科举考试。

在《旧唐书》中是这样记载的，李德裕的祖父李栖筠厌恶科举入仕，认为进士科考试浮华不实，徒有虚名，误人子弟。从此以后，他就在自己的家庭之中反对后代人参加科举考试，家宅之中也不允许放置《文选》（当时进士科考试必读之书）。大概是李栖筠觉得这本书崇尚浮华，不植根于实际才能，因而产生了憎恶的情绪。李德裕的父亲李吉甫没有参加科举考试，是门荫入仕的。正是基于这种传统家世的原因，少年时代的李德裕虽才华出众却深以同诸生一道参加乡试为耻辱，不喜欢科举入仕。

当时入仕求官除了科举考试之外，还有门荫、杂色入流的途径。门荫入仕就是朝廷根据他们的父祖身份和官品的高低叙以不同的品阶，流行于官宦世家，是唐朝前期高级官吏的主要来源。

杂色入流在整个唐代都是低级官吏乃至中级官吏的主要来源。李德裕不喜欢科举入仕，也还没做好入仕的准备，趁着年轻，他一边苦学，一边写诗，顺便结交京城的诗人，那时京城聚集了一大批响当当的诗人，比如韩愈、白居易、元稹、李绅、李商隐等。

李吉甫眼看自己儿子长大，他也在为李德裕的前途考虑。他了解自己的儿子，科举这条路行不通，再说也不一定能考上。在唐代科举考试当中，进士科最重要，通常录取率只有百分之一到百分之二，所以人们说："三十老明经，五十少进士。"意思就是三十岁考上明经就算老了，五十岁考上进士还算年轻的。他想让儿子走自己当年所走的路，那就是门荫入仕。李吉甫为了自己的儿子，为了不让别人说三道四，也为了自己的话语权和政绩，他利用宪宗皇帝赏识自己的机会，出谋划策，多次上表数事，都得到宪宗采纳。列述如下：一、请征讨刘辟，密献计策。刘辟反叛，皇上下令征讨他，策略不能决定，李吉甫暗中参与谋划，请求广泛征召江淮的军队，由三峡一路进入，以分散蜀地叛军的兵力。二、罢斥与宦官勾结的中书吏滑涣。宪宗刚即位时，中书省小吏滑涣和掌管枢密的中使刘光琦亲近友善，窃取了朝政的颇多权柄，李吉甫请求让他离去。三、阻止李锜领盐铁使。李锜于元和二年（807年）十月反，果不出李吉甫所料。四、建议濠、泗二州不隶徐州军。目的是削弱徐州的军力，并加强中央政权的控制力，当时执政者为求得妥协，复将濠、泗二州割隶徐州。几件事宪宗皇帝都同意了，从此非常亲近信赖他。

此时李吉甫为中书舍人，正五品上的官阶，又受到宪宗皇帝赏识，李德裕就顺理成章门荫入仕，荫补秘书省校书郎一职，从此踏入了仕途，开始了他断断续续长达40多年的官场生涯。

唐代朝廷中的秘书省与殿中省、内侍省并立，地位与寺监相等。秘书省掌管皇家图籍档案，而校书郎则负责校雠典籍，订正讹误。殿中省负责皇帝衣食住行。内侍省负责管理宦官和宫女。

李德裕初次面对这些典籍，心里很高兴，因为可以接触到各种典籍。但时间一长，每天面对这些枯燥的典籍，他就发愁，特别是一些参加科举考试的必读书让他头痛。由于秘书省并不是具有政权职能的机关，这对于胸怀壮志，决心治国安民的李德裕来说，虽说已经做官，志向、抱负却难以实现，才智不得用武之地，所以他过得并不十分开心。

这些心境可以从他当时的一些诗文中得到反映。李德裕在秘书省任职期间，曾与一些意气相投的朝廷官员王起等人诗文唱和。他曾作了一首诗给王起，诗中很清楚地流露出了自己志向远大，虽有济世才智，却无法理政报国的孤苦、寂寞之情。诗文意境悠远，文辞隽永，抒发了热切渴望从政的心情。这首诗歌原文为："共怜独鹤青霞姿，瀛洲故山归已迟。仁者焉能效鸷鹗，飞舞自合追长离。梧桐迥齐鸂鹄观，烟雨屡拂蛟龙旗。鸿雁冲飙去不尽，寒声晚下天泉池。顾我蓬莱静无事，玉版宝书藏众瑞。青编尽以汲冢来，科斗皆从鲁室至。金门待诏何逍遥，名儒早问张子侨。王褒轶材晚始入，宫女已能传洞箫。应令柏台长对户，别来相望独寥寥。"下署名"秘书省校书郎李德裕"。

唐宪宗元和二年（807年）春天，宪宗皇帝提拔李吉甫任中书侍郎、同平章事，位居宰相。这一年，李德裕二十一岁。

李吉甫天资聪慧敏锐，熟悉通晓事务，自任员外郎出京为地方官，滞留在江淮长达十五年，全面、仔细地了解了民间疾苦。如今担任宰相，李吉甫担心地方节镇贪暴横行，便多次上书。他担任宰相头一年就取得重大政绩。根据《唐书》本传及有关材料，主要取得了如下政绩：

一、建议令藩镇所属州郡刺史得自为政，并由朝廷派出郎吏为刺史。二、对李锜擅命专权采取坚决处置的政策。李锜之叛能迅速平定，与朝廷采取坚决对策与正确部署有关，其中李吉甫功不可没。三、分镇与徙治。打击了藩镇的气焰，加强了中央集权。四、选拔人才。他提拔了众多的人才，有着极好的声誉。这一年，宰相李吉甫封为赞皇侯。十月，武元衡出为剑南西川节度使。《北梦琐言》载李德裕为父出谋划策，排挤武元衡出相位。武元衡与李吉甫同在相位时，政见相同，武元衡赴蜀途中曾有诗寄李吉甫，排挤之说纯属子虚。

这时的李德裕因父亲李吉甫做宰相，为了避嫌而离开了秘书省校书郎的职位，离开京城，到地方节度使幕府做了一段时间的从事。

李吉甫担任宰相的第二年二月，被宪宗皇帝晋封为赵国公。这年四月，在时任宰相李吉甫当政期间，发生了一起科举考试制科策试事件。

这一年，朝廷举行"贤良方正能直言极谏科"考试。科举制从隋朝开始实行，隋朝灭亡后，唐朝的帝王承袭了隋朝传下来的人才选拔制度，并做了进一步的完善。由此，科举制度逐渐完备起来。在唐代，考试的科目分常科和制科两类。每年分期举行的称常科，由皇帝下诏临时举行的考试称制科。常科的科目有秀才、明经、进士、俊士、明法、明字、明算等五十多种。其中明法、明算、明字等科，不为人重视。俊士等科不经常举行。秀才一科，在唐初要求很高，后来渐废。所以，明经、进士两科便成为唐代常科的主要科目。唐高宗以后进士科尤为时人所重，唐朝宰相大多是进士出身。常科的考生有两个来源，一个是生徒，一个是乡贡。由京师及州县学馆出身，而送往尚书省受试者叫生徒；不由学馆而先经州县考试，及第后再送尚书省应试者叫乡贡。由乡贡入京应试者通称举人。州县考试称为解试，尚书省的考试通称省试或礼部试。礼部试都在春季举行，故又称春闱，闱也就是考场的意思。

明经、进士两科，最初都只是试策，考试的内容为经义或时务。后来两种考试的科目虽有变化，但基本精神是进士重诗赋，明经重帖经、墨义。所谓帖经，就是将经书任揭一页，将左右两边蒙上，中间只开一行，再用纸帖盖三字，令试者填充。墨义是对经文的字句做简单的笔试。帖经与墨义，只要熟读经传和注释就可中试，诗赋则需要具有文学才能。进士科得第很难，所以当时流传有"三十老明经，五十少进士"的说法。

常科考试最初由吏部考功员外郎主持，后改由礼部侍郎主持，称"权知贡举"。进士及第称"登龙门"，第一名曰状元或状头。同榜人要凑钱举行庆贺活动，以同榜少年二人在名园探采名花，称探花使。要集体到杏园参加宴会，叫探花宴。宴会以后，同到慈恩寺的雁塔下题名以显其荣耀，所以又把中进士称为"雁塔题名"。唐孟郊曾作《登科后》诗："春风得意马蹄疾，一日看尽长安花。"所以，"春风得意"又成为进士及第的代称。常科登第后，还要经吏部考试，叫选试。合格者，才能授予官职。唐代大家柳宗元进士及第后，以博学鸿词，被即刻授予"集贤殿正字"。如果吏部考试落选，只能先到节度使那儿去当幕僚，再争取得到朝廷正式委任的官职。韩愈在考中进士后，三次选试都未通过，不得不去担任节度使的幕僚，才踏进官场。

唐代取士，不仅要看考试成绩，还要有名人名士的推荐。因此，考生纷纷奔走于公卿门下，向他们投献自己的代表作，这叫投卷。向礼部投的叫公卷，向达官贵人投的叫行卷。投卷确实使有才能的人显露头角，如诗人白居易向顾况投诗《赋得古原草送别》，受到顾况的极力称赞。但是弄虚作假、欺世盗名的也不乏其人。

这次制科考试中，在职官员前进士李宗闵、伊阙尉牛僧孺、陆浑尉皇甫湜等人也参加了考试。李宗闵和牛僧孺在策文中对当时朝廷的平定藩镇战争、民生凋敝及当权者过失发表了不同的看法，皇甫湜则对宦官专权进行了口诛笔伐。在谈到时事政治之时，他们直言不讳，畅所欲言，毫无顾忌。

当时的主考官吏部员外郎韦贯之、户部侍郎杨于陵见到这三篇策文后惊叹为上等文论，认为文章有理有据，分析透彻，批为及第。皇帝亲自批阅试卷后也非常满意，于是下旨交由中书省择优任用牛僧孺等三名及第人员。

宰相李吉甫憎恶牛僧孺、李宗闵、皇甫湜三人直言无忌，指斥时政，认为他们出言无状，口出狂言，目中无人，含有恶意。说当权者过失不就等于在说他这个宰相当得不称职吗？李吉甫最不能容忍的就是别人质疑他的执政水平，所以李吉甫对这几个考生的文章和为人都极为不满。李吉甫查询了几位考生的资料，发现牛僧孺和皇甫湜都是河南的县尉级小官，李宗闵也不过是一个小参谋官。他们的出身，也算不上什么大富大贵。牛僧孺的祖上有一个叫牛弘的，曾经做过隋朝的大官，可是两人相隔二百多年，即便有余荫也荫庇不到他这一辈了。李宗闵倒是唐朝宗室，是唐高祖第十三子郑王李元懿的后代。再看看皇甫湜,他的舅舅竟然是复试官王涯。

于是李吉甫哭着向宪宗皇帝陈述此事,恳请皇帝收回成命,说牛僧孺、李宗闵的策文有讽刺、攻击朝廷和自己政见的言辞。并说翰林学士裴垍、王涯复试策文时也不公正,主考官杨于陵和韦贯之也有责任,皇甫湜乃是王涯的外甥,他却不避嫌。裴垍是王涯的同事,说不定私下里也得到了王涯的暗示。既然这两个复试官都有问题,那么此次策试的成绩就应该作废。

于是皇帝改变了主意,公开支持李吉甫,宦官趁机在皇帝背后煽风点火,想把事情搞大。元和三年(808年)四月,可以说是一个黑色的四月。先是皇帝下令免除了裴垍和王涯翰林学士的职务,将裴垍降级为户部侍郎,王涯则去就任都官员外郎。复审考官都被贬了,初审的主考官杨于陵和韦贯之也不能幸免。韦贯之被贬为巴州刺史,杨于陵被贬为岭南节度使。李吉甫的初衷不过是不满几个后生质疑自己的执政水准,想给他们一个教训。可想不到事情的发展脱离了自己的控制,被宦官利用,成为打击文官的一个好机会。李吉甫暗自后悔自己得罪了一大批人,但在既定事实面前也没辙。他唯一能做的就是恪尽职守,在自己的位置上多做点实事。这次考试成绩自然作废,李宗闵、牛僧孺、皇甫湜等人虽然没有被贬官,但也没有被朝廷重用,他们心里都非常清楚,以后想升迁,可以说是遥遥无期,所以李吉甫成了牛僧孺、李宗闵、皇甫湜等人心中共同的敌人。他们蛰伏的时间越长,对李吉甫的仇恨就越深。有些事情会随着岁月的流逝慢慢淡化,但是仇恨、怨气却会慢慢地积累、发酵,待时机成熟时,引发一场始料未及的风暴。李吉甫也许没想到,他在不经意间树下的强劲政敌，为以后儿子李德裕的仕途增添了不少障碍。

这一事件影响深远，使李德裕日后的仕途充满了坎坷，为"牛李党争"埋下了种子。后世的学者和史学家在论及"牛李党争"的根源之时，一般都认为这件事是最初的起因之一。

据《旧唐书》记载：这年秋，裴均任仆射，掌管财政收支，权臣佞幸，想要谋求宰相之职。在这之前，李吉甫制定策试的直言极谏科目，其中有讥刺时政、忤犯权臣佞幸的内容，因此裴均的同党扬言这都是执掌政柄的人所教唆、指使，妄图以此动摇李吉甫的地位，幸而谏官李约、独孤郁、李正辞等秘密上疏陈报，皇上的疑虑才消除。李吉甫早年结交推许羊士谔，提升他为监察御史；另有司封员外郎吕温文辞修养很高，李吉甫也亲厚相待。窦群也和羊士谔、吕温相友善，窦群开始被封为御史中丞，他奏请朝廷封羊士谔为侍御史，以吕温任郎中，掌管杂务。李吉甫气愤他不先打招呼，而所请求提升的人又有超出其资历的，因而接到诏令几天都不执行，彼此产生了嫌隙。窦群便等到占候卜筮者陈克明出入李吉甫家时，将其秘密逮捕，报告皇上。宪宗询问陈克明，发现他并没有为非作歹的罪行。李吉甫认为裴垍长期在翰林院，宪宗很亲近、信任他，一定会重用他，就秘密推荐裴垍代替自己，因为李吉甫本人希图出任节镇地方官。当年九月，李吉甫被封为检校兵部尚书并兼任中书侍郎、平章事，充任淮南节度使，皇上驾临通化门城楼为他钱行。李吉甫在扬州，每当有朝廷得失、军国利弊方面的事情，都用密疏一一论述。又在高邮县筑堤为水塘，灌溉田地几千顷，人们都得到了他的好处。

这年李德裕二十二岁，与二十一岁的刘氏结婚。他妻子刘氏的全名没有记载，李德裕在《唐茅山燕洞宫大洞炼师彭城刘氏墓志铭》中，无只字提及刘氏之父祖及仕宦，可见刘氏非出自望族。

刘氏温柔贤惠，心地善良，婚后两人非常恩爱。不久，李德裕离开妻子随父去淮南。在淮南，李德裕曾与王起交游，曾同游汴州列子庙，也曾谈起自己的理想和抱负。

两年后，裴垍因疾罢相，李吉甫也被罢淮南节度使，此时前后宪宗曾下诏征其入相。这年，柳宗元在永州司马贬所，曾上书李吉甫，感谢其关怀之情，并称颂其政绩，献文十篇。这些年，李吉甫在淮南取得了不少政绩。柳宗元在《谢李吉甫相公示手札启》云："宗元启：六月二十九日，衡州刺史吕温道过永州，辱示相公手札，省录狂瞽，收抚羁缧，沐以含宏之仁，忘其进越之罪。感深益惧，喜极增悲，五情交战，不知所措。宗元性质庸塞，行能无取，著书每成于废疾，进德且乏其馨香。常愿操彗医门，掬溜兰室，良辰不与，凤志多违。昨者踊跃残魂，奋扬蓄念，激以死灰之气，陈其弊帚之词，致之烟霄，分绝流昒。今则垂露在手，清风入怀，华衮滥褒于赭衣，龙门俯收于坎井。藻镜洞开，而秋毫在照；文律傍畅，而寒谷生辉。化幽郁之志，若亲清明；换兢危之心，如承抚荐。非常之幸，岂独此生？伏以淮海剧九天之遥，潇湘参百越之俗。倾心积念，长悬星汉之上；流形委骨，永沦魑魅之群。何以报恩？唯当结草。无任喜惧感恋之至。"

不久，李吉甫再次拜相，声誉很高。这一年，李德裕二十五岁。

李吉甫担任宰相后进行了一系列改革，取得了不俗的政绩。元和八年（813年），李德裕二十七岁时，宪宗皇帝因李吉甫的政绩，下诏让李德裕进京为官。父亲位居宰相，李德裕却非常低调，他不像其他大臣的儿子游手好闲、无所事事混日子虚度光阴，而是希望用自己的努力能够在朝堂之上有立足之地。李吉甫撰有《元和郡县图志》《六代略》《国计簿》《十道州郡图》等，其言传身教让李德裕学到了很多做人道理，他成了父亲的好助手，同时诗文写作技巧也得到提升。

唐宪宗元和九年（814 年）正月，李吉甫因身体原因，上表辞相位，宪宗不许。十月丙午，李吉甫因暴病去世，终年五十七岁。唐宪宗皇帝悲伤哀悼了很久，派中使前去吊唁，除按照惯例馈赠之外，另由内府拿出 500 匹绢以抚恤他的家属，并追授其为司空。

父亲去世，李德裕自然从幕府辞职回家料理后事。

李吉甫对李德裕的影响不仅仅是言传身教，他的一些良好品德也都在李德裕日后的政治、生活当中时而出现。李吉甫的相位与功业更是李德裕从少年时代就渴求得到的，并成了他一生的理想，矢志不渝，信念坚定，不懈追求。

李吉甫的去世对李德裕而言，不啻晴天霹雳，失去慈父与失去榜样令他同样悲痛欲绝。

这一年李德裕二十八岁。

第三章

排挤离京

李德裕丁父忧，守制。最初兄弟三人一起守墓，哥哥李德修以长子身份继承他父亲李吉甫的爵位做了赵国公，弟弟也因有事走了，剩下他一人守墓。所以李德裕在二十九岁、三十岁时未任官职，一直为父亲守墓。守墓的日子是枯燥乏味的，但李德裕每天都在研究诸子百家和历史著作，借以打发寂寞的时光，而此时朝廷也发生了不少大事。

武元衡重新返回朝廷，仍拜门下侍郎平章事。元和十年（815年），淮西节度使吴元济谋反，唐宪宗命武元衡率军对淮西蔡州进行清剿。这一举动引起了与淮西勾结的成德节度使王承宗等割据势力的恐慌，于是决定刺杀武元衡等主战派的大臣。这年六月三日，报晓晨鼓敲过，天色未明，大唐宰相武元衡即启门户，赴大明宫上朝，刚出靖安坊东门，就被躲在暗处的刺客射灭灯笼刺杀身亡，同时上朝的副手裴度同样遇刺受伤。

这一年，柳宗元、刘禹锡、白居易等应召入京，但很快又被贬出京。特别是白居易上表请急搜捕杀害武元衡的凶手，以雪国耻，结果被宰相张弘靖所恶，白居易被贬为江州刺史。中书舍人王涯复上言"所犯状迹，不宜治郡"，结果被改授江州司马。第二年，张弘靖罢相，出为河东节度使，镇守太原。唐宪宗下令削夺王承宗在身官爵，令河东等道诸镇加兵进讨。

唐宪宗元和十二年（817 年），张弘靖聘请三十一岁的李德裕为其节度使幕府掌书记，此时李德裕已是几个孩子的父亲了，养家糊口是当时主要的任务，他跟妻子商量后，含泪离开妻子和孩子，只身去了太原。父亲这棵大树倒了，他曾非常伤心和迷茫，不知道该何去何从。虽然哥哥李德修以长子身份承袭父亲的爵位赵国公，但他不愿意去沾哥哥的光，他要凭自己的本事干出一番事业来。

张弘靖是唐代大臣、书法家、中书令张嘉贞之孙，尚书左仆射张延赏之子，以荫为河南参军。其家世有藏书之风，祖父张嘉贞，武后时任监察御史，官封河东侯。喜收书，去世后唯有图书留给子孙。父亲张延赏，亦好藏书。他继承了两代人的藏书，并继续典籍的收藏，史籍记载他"家聚书画侔秘府"，收藏书法名画为唐一代之冠。其孙张彦远为唐末著名书画家，并撰有《历代名画记》。其家世有藏书印"河东张氏""乌石侯瑞""鹊瑞"等。

张弘靖家里珍藏有许多书画，而李德裕学识渊博，也喜欢收集古代的文物，还将一些先代的名人书画进行了鉴别，对其中的一些珍品上加盖自己刻有"赞皇"的篆文印章，以辨别真伪和优劣。

张弘靖是个爱才之人，他的节度使幕府属官大多是有才华之人，比如崔恭、韩察、张贾等。张弘靖很欣赏李德裕的文学才华和见识，两人对书画又有共同的爱好，因而对李德裕很是器重。张弘靖原来在河北的军镇任职时，喜欢讲究排场，出入坐轿，不与士卒同甘共苦，把政事全部委托给军府幕僚处理，并且非常偏袒和纵容部下，以致酿成兵变。吃一堑长一智，张弘靖深深吸取了教训，在他任河东节度使时，他举止庄重，寡言少语，低调做人，以待人宽和、诚恳而受到众人的拥护。无论什么时候，心怀谦卑，才能行稳致远。李德裕遭受丧父的打击后，遭受了不少白眼，感受到了人情的冷暖，他也明白了做人千万不要高看自己，不要低估别人，要从别人身上吸取优点。和这群优秀的人在一起探讨学习，李德裕也学到了很多学问和做人的道理。

这时，太原的宦官监军使李国澄向宪宗皇帝奏表，说张弘靖家中藏有许多书画。张弘靖得知消息后，心里很惶恐，欲加之罪，何患无辞？他找来李德裕商量，李德裕建议他把珍藏的一些名流书画向皇帝进献，于是张弘靖采纳了李德裕的建议，并由李德裕代他写了两封奏章，即《代高平公进书画状》和《进玄宗马射图状》。皇帝收到书画后心里非常喜欢，什么也没说，这件事就不了了之了。

这年六月，张弘靖和节度使幕府属官李德裕、崔恭、韩察、张贾、胡证、陆澧等一同登山。山上风光很好，阳光明媚，溪水潺潺，张弘靖诗兴大发，作了一首《山亭怀古》并要求大家唱和。《山亭怀古》原文为："丛石依古城，悬泉洒清池。高低衺丈内，衡霍相蔽亏。归田竟何因，为郡岂所宜。谁能辨人野，寄适聊在斯。"

李德裕和诗："岩石在朱户，风泉当翠楼。始知岘亭赏，难与清晖留。余景淡将夕，凝岚轻欲收。东山有归志，方接赤松游。"

陆澧和诗："激水泻飞瀑，寄怀良在兹。如何谢安石，要结东山期。入座兰蕙馥，当轩松桂滋。于焉悟幽道，境寂心自怡。"

崔恭和诗："高情乐闲放，寄迹山水中。朝霞铺座右，虚白贮清风。潜窦激飞泉，石路跻且崇。步武有胜概，不与俗情同。"

随同属官一人作一首，最后张贾诗后注云："元和十三年六月十二日题。"

《全唐文》卷四八〇载崔恭文一篇，即《唐右补阙梁肃文集序言》。故《唐诗纪事》卷五九称"恭能文，尝叙梁肃文"。张贾则与刘禹锡、韩愈均有交往。陆瀍之兄陆澧与大历时诗人皇甫曙等有交往。可见当时张弘靖幕府之人才个个都不简单，闲暇时大家聚在一起谈书法论诗文，日子过得悠闲惬意。转眼到了元和十四年（819年）五月，张弘靖又被唐宪宗征召入朝廷，封为吏部尚书。

但别有用心的人开始造谣诽谤李德裕，说李德裕在太原结交监军李国澄，借钱十万贯，使李国澄得以在长安谋求美职，不久即解除中尉，而李德裕"遂为中人所称"。此事不足信。李德裕如心系仕途，则在其父为宰相时即可干进。李德裕的父亲当年得罪了不少人，应该是仇恨他父亲的那些人，故意诋毁李德裕的，目的是影响李德裕仕途。朝廷派人调查，结果是造谣诽谤，子虚乌有。

吏部尚书在唐代是正三品，掌管全国官吏的任免、考课、升降、调动、封勋等事务，是吏部的最高长官，为中央六部尚书之首。

这时，李德裕随张弘靖进入京城，大概是由于张弘靖的极力推荐，力排众议，朝廷征召李德裕为监察御史。那是国家最高监察机关御史台的下属官吏，为正八品上的官阶，主要负责巡按郡县、监督尚书省官员的会议、监督中央直属仓库的出纳，军队出征时还可充当监军。

这是李德裕真正踏入朝廷仕途从政的开始。监察御史是他梦寐以求的从政官职，与原来的秘书省校书郎自是天差地别。在这个职位上，他为国理政的抱负就可能实现。而这些年来，他历任地方节度使幕府从事到掌书记已经积累了一定的从政经验，才干也进一步增强。

于是，李德裕看到了实现自己远大志向和从政抱负的曙光。这已是他第二次进入京城为官。三个月后，张弘靖因遭人排挤再度离开京城长安，出任宣武军镇节度使。

这时的李德裕正全身心地投入监察御史的工作当中，于是便继续留在京城为朝廷效力。

唐宪宗朝廷的君臣都以恢复唐初的"贞观之治""开元盛世"为理想，于是，宪宗皇帝择贤任能，兼听纳谏，关心民间疾苦，重用名相裴度等人，讨平了淮西、淄青藩镇的割据势力，迫使河朔三镇归服，初步改变了"安史之乱"以来藩镇割据、飞扬跋扈的局面。当时的大诗人刘禹锡也开始作诗说天下太平了。刘禹锡《平蔡州》诗云："老人收泪前致辞，官军入城人不知。忽惊元和十二载，重见天宝承平时。"

到了元和后期，唐宪宗开始热衷于求神拜佛，服食仙丹希望长生不老；偏宠宦官，宦官开始干预朝廷政事决策，以至于权倾朝野，宦官势力急剧膨胀。

宪宗元和十五年（820年）正月，唐宪宗被宦官陈弘志等人杀害。宪宗皇帝名叫李纯，在位十五年，享年四十三岁。

唐宪宗李纯小时候就有做"第三皇帝"的梦想，他是唐德宗李适的长孙、唐顺宗李诵的长子，从小就非常聪明，非常敬佩唐太宗和唐高宗，希望自己长大后成为像他们一样的皇帝。有一天，李纯被祖父德宗皇帝抱在膝上，德宗故意问道："你是谁家的孩子，我怎么不认识你？"李纯道："我是第三皇帝。"德宗哈哈大笑，同时大为惊异，作为当今皇上的长孙，依照祖、父、子的顺序答复为"第三皇帝"，既闻所未闻，又很符合实际，德宗皇帝不由对怀里的孙子增添了几丝喜爱。长大后，李纯从做太子到登基做皇帝只用了四个月。贞元二十一年（805年）四月六日，他被册为皇太子。七月二十八日，即代理监国之任。八月四日，唐宪宗得父皇顺宗传位，八月九日正式即坐宣政殿，时年唐宪宗二十八岁。后世一向猜疑李纯如此神速当上皇帝的原因，是宦官强逼顺宗禅位。但为什么就选中了二十八岁的李纯，而不是其他更好操控的小皇子？这种猜疑似乎有点说不过去。顺宗的突然驾崩也令人生疑，种种迹象表明顺宗的禅位和驾崩绝不是单纯的宦官作乱那么简单，这些猜想缺少历史依据支撑，不足为信。

唐宪宗继位虽有说道，但即位后，他经常阅览历朝实录，每读到唐太宗和唐高宗的故事，就敬慕不已，所以他的皇帝干得还不错，尽管也像他的老祖宗唐玄宗一样虎头蛇尾，但终归仍是开创了一段"元和中兴"的好时光。他继位后尽管贬逐了参与"永贞革新"的"二王八司马"，却没有中止削弱藩镇实力的改革，对藩镇发动了一系列战役，先后制服了刘朋、杨惠琳、李锜、田兴、吴元济等节度使，他们有的被杀，有的归顺，全国所有的藩镇至少名义上悉数臣服唐朝。

元和中兴，使唐王朝一度东山再起。但由于唐宪宗信赖宦官，提拔了不少宦官将军，并且给予很高的军权。这种做法开了恶例，使原本只掌握禁军的宦官，又掌握了班师作战的权力。唐宪宗不光没有限制宦官擅权，反而从他开始宦官擅权的弊端更加突出，错失了唐朝处理宦官问题的最好时机，导致后面的皇帝要么是有心无力（如文宗和宣宗），要么是有力无心（如唐武宗），再就是根本漠不关心（如穆宗和敬宗）。不但使唐王朝深受其害，就是宪宗自己也没能逃脱被宦官杀戮的命运。宪宗获得一系列成功后，也开始寻求长生不老的方法，开始服食丹药，服药后变得性情暴烈，动辄就对身边的宦官进行责打、诛杀，最后竟被宦官王守澄、陈弘志所杀。为所欲为的宦官王守澄、陈弘志杀了皇帝后，禁绝朝臣入内，伪称皇上"误服丹石，毒发暴崩"，并假传遗诏，命李恒继位。从此，唐朝皇帝的废立，都由宦官操作。宪宗委任宦官的行为，为人们验证"种恶因必得恶果"提供了最佳证明。

宪宗和太宗、玄宗一起成为后世评价较高的三个唐代皇帝，并有"小太宗"的赞誉，唐朝在他在位时期呈现了中兴之势。但在他在位后期却崇尚佛道，骄奢放纵起来，大兴土木，寻求神仙之术，重用宦官，使宦官从此成为操纵李唐王朝的重要角色，把唐王朝一步步推向毁灭之路，宪宗在这点上负有很大的历史责任。唐宪宗除了留下了宦官擅权的后患，还留下了不立皇后的恶例。他不立皇后的原因很简单，就是不想让皇后干预自己肆意宠幸女人。《旧唐书·后妃传》记载，"帝后庭多私爱，以后门族华盛，虑正位之后，不容嬖幸，以是册拜后时"。从宪宗开端，穆宗、敬宗、文宗、武宗、宣宗相继效法，也都没有立皇后，原因与其类同。这一时期史书上所称的皇后，其实都是她们的儿子当上皇帝后加封的。但是物极必反，宪宗经常吃长生不老药以及壮阳药，越吃身体越虚弱，性情变得浮躁无常，身边亲信人人自危，没想到唐宪宗竟因此而死于宦官之手，何其悲也！

言归正传。这一年的闰正月初三，李恒在太极殿的东厢即皇帝位，是为穆宗，并于元和十五年（820年）二月五日发布《登极德音》，大赦天下，晋升百僚。就这样，唐朝的又一代新君登基了。李恒是宪宗第三子，前面还有大哥李宁和二哥李恽，中国古代皇位继承是先从长子开始的，他能成为太子并成为皇帝，这里面也有曲折的故事。

排行老三的李恒，有一个势力强大的母亲，那就是宪宗为广陵王时娶的妃子郭氏——对唐室有功绩的郭子仪的孙女。而长子李宁的母亲是宫人纪氏，次子李恽的母亲竟没有留下姓名，在这一情况下，究竟是选择哪一位皇子做太子，宪宗一直没有拿定主意。事情一直拖到他登基四年以后，到元和四年（809年）三月，宪宗心中渐渐地向长子倾斜了。此时的李宁已经十七岁，平素喜欢读书，举止颇符合礼法，深受宪宗的喜爱。于是在大臣李绛建议早立储君以杜绝奸人觊觎之心时，他宣布了立长子为嗣君的决定。这次册立很费了一番波折，本来应该在春天举行的册立仪式，由于连续遭遇大雨，使时间一改再改，一直拖到了孟冬十月。这期间有多少来自穆宗母亲郭氏的阻力，我们已经不得而知了。

元和六年（811年）十二月，做了两年太子的李宁竟然在十九岁的时候一病而死。李宁之死很蹊跷，但又没有证据证明是郭氏所为。宪宗非常伤心，出乎意料地废朝十三日，并特别制定了一套丧礼，加李宁谥为"惠昭"。李宁的死，使宪宗不得不重新选立继承人。

此时，宫廷内外几乎都建议选立郭氏所生的皇三子李恒，最受皇帝恩宠的宦官吐突承璀则建议应当按照次序立次子李恽。宪宗也有意立次子，但是李恽因为母氏地位卑贱而难以在朝廷上得到大家支持，而郭氏一系在朝野上下的势力非常强大。立三子李恒的呼声占据了上风，宪宗一时也不知道该怎么办，无奈之下只好请翰林学士崔群代次子恽起草了表示谦让的奏表，于元和七年（812年）七月下诏立李恒为太子。十月，举行了册立大典。其实宪宗心里对这位太子并不太满意，吐突承璀揣度皇帝的心意，也一直没有放弃为李恽经营。宪宗这次立储事件，为穆宗日后的登基埋下了祸根，也为自己留下了祸患。

元和八年（813年）十月，在册立新太子整一年的时候，拥立太子的朝廷官员又上表请求宪宗立郭氏为皇后。自玄宗以后，后宫活着被立为皇后的只有肃宗的张皇后，那是因为她在平叛的特殊时期有特殊的功劳，宪宗将郭氏册立为贵妃已经是后宫最尊贵的角色，宪宗以种种借口拒绝了此番动议。此事以后，郭贵妃在朝野内外广结党羽，包括宦官中的厉害角色神策军中尉梁守谦以及王守澄等人，他们暗中和吐突承璀等较量。

元和十四年（819年）底，宪宗因为服用丹药身体恶化，吐突承璀暗地里也加紧了改立李恽的谋划。太子李恒得知消息后，心里十分紧张，问计于他的舅舅郭钊，时为司农卿的郭钊嘱咐他："一定要尽'孝谨'之心，不要考虑其他的事。"郭钊言外之意说明他们已经做好了充分准备，就等着宪宗死了。元和十五年（820年）正月二十七，宪宗突然暴死，梁守谦、王守澄等人立即拥立太子李恒即位，这就是唐穆宗。吐突承璀和皇次子李恽被这突如其来的政变杀了个措手不及，后二人均被杀害。

初到京城的李德裕也听说了郭贵妃广结党羽之事，他已预感到了朝廷将要发生大事，但他初到京城，还没站稳脚跟，自身难保，无能为力，只好睁一只眼闭一只眼。如今，李德裕担心的事终于发生了，他忧心忡忡。

李恒成功登基后，对扶植自己登基的人给予了不同的赏赐和官职，特别是把生母郭贵妃册立为皇太后，以报答她多年来的辛苦经营。与此相对照，他对父皇的亲信和宠臣则分别处以杀罚贬斥。同时，穆宗李恒没有忘记把犯有自己名讳的地名等统统改掉。像恒岳（恒山）改为镇岳，恒州改为镇州，定州的恒阳县改为曲阳县。

对于李恒的登基，李德裕心里是惶恐不安的。他刚到京城几个月，工作刚有了头绪，准备大干一场时，宪宗皇帝就死了。如今又有了新的皇帝，一朝天子一朝臣，他这个官职能不能保住都很难说。

父亲生前的官吏朋友也在惶恐，也在担心自己的官职能否保住，人走茶凉，他们也无暇顾及李德裕了，对这个新皇帝大家也有所顾忌，不该说的话大家都不说，不该得罪的人尽量先别得罪。加上朝廷里有人不喜欢李德裕，谁知道他们会不会在穆宗面前进谗言呢？各派政治集团你上台，他下台，走马灯似的。朝廷对宰相的更换极为频繁，而一个宰相的更替、贬斥就相应地引起一大批京官、外任的调换。官宦巨族的斗争中，皇帝成为掌权党派用来打击对方的棍子。官吏如履薄冰，一句话没说好或一件事没干好，就有小人在背后煽风点火，把你排挤出京城，贬到很远的地方。李德裕突然想到了张弘靖，如果他在京城还可以谈谈心，此时的李德裕感觉到了孤独和无奈，再想到死去的父亲，他彻夜难眠。

几天后，也就是十一日，唐穆宗突然通知他到大明宫上朝，他忐忑不安来到宫殿，看见李绅、庾敬休都在。唐穆宗下诏命监察御史李德裕和右拾遗李绅、礼部员外郎庾敬休均暂署本职，充任翰林学士。三人跪了下去，磕头，谢主隆恩，李德裕的心情终于平静下来。

唐穆宗早年做太子之时，就多次听说李吉甫的好名声，见到李德裕后，念及李吉甫生前官居宰相之时，多为朝廷出力，鞠躬尽瘁，死而后已，所以特别器重李德裕，让他负责起草诏书。于是，皇帝的诏书、命令以及大的典册文告，大多都由李德裕来起草撰写。

大概是由于李德裕才智过人，所作的诏书又文采斐然，让唐穆宗满意的缘故，就在这个月里，唐穆宗在思政殿召见了李德裕。李德裕对朝廷发表了一些中肯的意见，唐穆宗非常高兴，当日就赐给他金鱼袋和紫袍，以示恩宠。按照唐朝的制度，五品以上的官员才可以穿紫袍，三品以上的朝廷显官要员才可以佩金鱼袋。而当时的李德裕官居监察御史、翰林学士，为正八品的官阶。因此，皇帝赐给他金鱼袋和紫袍，那是荣誉的象征。

此后，皇帝又几次召见李德裕，奖赏有加。

过了一个月，朝廷升李德裕为屯田员外郎。同时朝廷也提拔了一批官吏，元稹为祠部郎中、知制诏，李宗闵为中书舍人，牛僧孺为御史中臣，白居易为主客郎中、知制诏，等等。

穆宗即位时已二十六岁，这正是一个干事业的年龄，太宗二十九岁登基，玄宗则是二十八岁。刚开始，穆宗也想仿效太宗、玄宗的励精图治，时间一长，身边的宦官怂恿他吃喝玩乐，穆宗慢慢开始变了，整天花天酒地，纵情享乐，毫无节制。对于穆宗的"宴乐过多，畋游无度"，在《旧唐书》和《资治通鉴》里都有记载。穆宗在宪宗治丧期间，就毫不掩饰自己对游乐的喜好。当宪宗葬于景陵以后，他越发显得没有节制。很快，他就带着亲信随从狩猎取乐去了。到六月，皇太后郭氏移居南内兴庆宫，穆宗就率领六宫侍从在兴庆宫大摆宴筵。酒宴结束后，他又回到神策右军，对亲信中尉和将领大加颁赐。从这天起，穆宗每三日来神策左右军一次，同时驾临宸晖门、九仙门等处，目的是观赏角抵、杂戏等表演。七月六日是穆宗的生日，他异想天开地制订了一套庆祝仪式，后因一些大臣提出自古以来还没有这样的做法而反对，才算作罢。他在宫里大兴土木，修建了永安殿、宝庆殿等。永安殿新修成的时候，他在那里观百戏，极欢尽兴。在永安殿，穆宗还与中宫贵主设"密宴"以取乐，连他的嫔妃都参加。除此之外，他还重金整修装饰京城内的安国、慈恩、千福、开业、章敬等寺院，甚至还特意邀请了吐蕃使者前往观看。虽然有谏议大夫郑覃等人一起劝谏，穆宗表示虚心接受，但就是坚决不改。

穆宗纵情嬉戏游乐，不理朝政。这时宦官权势冲天，他们与皇亲国戚相互勾结，索贿受请。一些皇亲国戚不断与朝廷的当权大臣交往，传达宫中掌权太监的意见，进一步干预朝政，把朝廷搞得乌烟瘴气。

这时，仕途顺心、关心国事的李德裕发现这个不良风气之后，深虑此风不除，为害实大。于是，他在这年（821年）正月向皇帝上书，说："我看本朝的旧例，驸马是帝王亲近密切的人。正因为他们是皇亲国戚，所以更不应当让他们去和朝廷的重要官员交往。本朝的玄宗皇帝开元年间对此禁止得尤其严格。最近，驸马经常到宰相和朝廷要员的私宅中去，这些人没有什么别的才能值得让人们延请接待，只能是泄露皇宫中的机密、结交串通朝廷内外的官员罢了。希望皇上告诫驸马等人，今后有事情可以随时到中书省见宰相；除了中书省之外，不得到宰相和朝廷官员的私宅中去。"穆宗皇帝听取了他的建议，批准予以落实。

这年三月间，朝廷发生了一起举朝震动的科举考试舞弊事件。

受魏晋遗风的影响和时代条件的限制，唐朝的科举考试受人为因素的影响较大。学子可以通过"干谒"的方式获得权贵的推荐来提高自己的科举成绩。虽然有这些不太公正的方式，但唐朝科举考试的结果是相对公正的，最后榜上的名单是要得到大家认可的，必须要有真才实学才行。比如白居易用自己的才华成功地得到了诗人顾况的推荐；杜牧拿着《阿房宫赋》找到了当时的太学博士吴武陵让其引荐；王维找到岐王想要得到推荐，岐王便把王维精心打扮一番后化装成乐师，带入九公主府中弹奏了琵琶曲《郁轮袍》，再伺机将王维的诗词呈上。九公主对王维的才华和相貌颇为欣赏，王维就这样成了那届科举的状元。类似的例子还有很多，李德裕后来做了宰相，也举荐提拔卢肇为状元。项斯在杨敬之写诗称赞后名声大噪，第二年就榜上有名。这也说明了当时名人的举荐和名声对科举考试结果的影响，这是当时魏晋遗风和条件限制影响下的结果。

传闻贺知章做主考官时，由于录取的结果与学子的期望大相径庭，引起公愤。在众人的围攻下，贺知章不得不爬上梯子缩在墙边对学子解释。由此可见，虽然当时的科举制度不是很完善，但科举的结果还是具有一定的公平性的，学子可以对其结果监督检查，一个从隋唐时期沿用至清光绪时期的人才选拔制度逐渐成熟。

这是每年例行的"常科"科举考试。这次科举考试的主考官是右补阙（谏官）杨汝士和礼部侍郎钱徽。

礼部侍郎是专门负责科举考试的。前刑部侍郎杨凭喜欢书画古董，家里收藏颇丰。其儿子杨浑之正准备考进士，为保考试成功，杨凭四处托人找门路说情，不得不忍痛将一批极珍贵的字画送给同样酷爱古玩的宰相段文昌。段文昌对其送来的字画爱不释手，多次写信举荐杨浑之，还亲自跑到钱徽家中说情，可钱徽不为所动，照样公事公办。翰林学士李绅也去找钱徽求情，希望能够让周汉宾考中进士。结果钱徽正直公道，不徇私情，对两人的请求都未予应允。等到放榜，杨浑之和周汉宾都没有中选。再看看榜上有名的新科进士大都是朝廷要员的子弟，这其中有朝廷谏议大夫郑覃的弟弟郑朗、中书舍人李宗闵的女婿苏巢、前宰相裴度的儿子裴撰等，还有一个杨殷士竟是身为主考官的杨汝士的弟弟。为此，段文昌就更加生气了，他认为如果这批人有真才实学倒也罢了，但显然是走后门凭关系才考中的，显然钱徽不把他这个宰相放在眼里，他推荐的人落榜了，别人推荐的人却中榜了。他心里很不舒服，就对穆宗皇帝上表道："今年礼部侍郎钱徽主持的科举考试极不公平，所录取的进士全都是一些碌碌无为的公卿子弟，是他们走了后门，靠行贿和托人情才考中的。"

穆宗就此事征询翰林学士的意见。李德裕、元稹、李绅都说："确实如段文昌所讲的那样，这次科举考试极不公正。"李绅更是愤慨不已，他推荐的人也没有中榜，他也说了钱徽的种种不是。

于是，穆宗皇帝就下诏让中书舍人王起等人负责进行了一次复试。

结果，原本榜上有名的十四名进士中，只有孔温业、赵存约、窦询直三个人通过了考试，其余的郑朗、苏巢、裴撰等十一人全部落第，而且他们当中许多人的答卷文辞拙劣，废话连篇。

因此，穆宗下诏把礼部侍郎钱徽贬为江州刺史、中书舍人李宗闵贬为剑州刺史、右补阙杨汝士贬为开州府开江县令。同时，朝廷宣布取消了郑朗、苏巢等十一个人的录取资格。

当时，有人劝钱徽："这是段文昌和李绅对你的挟私报复，你把他们给你写的书信呈给皇上看，皇上看后自然会明白这中间的原委了。"

钱徽说："不能这样。我只求无愧于心，得和失是一样的。做人要修身养性谨慎行事，怎么可以拿私人书信去为自己做证呢？"随即命令子弟们将书信都烧了。

于是李宗闵等人就恨上了李德裕、元稹、李绅。

其实，对于这次科举考试的舞弊案件，因他们录取的举子多为公卿官员的子弟，甚至还有主考官的弟弟，太过显眼，所以就给了段文昌挟私报复的机会。而且，经过复试，郑朗、苏巢等人也确实没有很大的才能。

平心而论，在朝廷处理这次科举舞弊案当中，李德裕并不是发挥主要作用的人物，若说因此李宗闵的"牛党"即怀恨打击、排挤李德裕等人，似显牵强。

李德裕个性极强，而且平素就不赞成科举取士。他自己就没有参加科举考试，靠门荫入仕。李德裕抨击科举，是因为他看到了科举的弊端：第一，当时的进士科考试，只考诗赋，而轻实务，造成一篇文章出来，看起来华丽得很，却并不能检验出一个人的真实才干；第二，"呈榜"的做法害死人，"呈榜"就是在放榜前，考官把可能及第的进士名单拿给宰相们一一过目，这样，宰相就可以轻而易举地把私心掺杂进去；第三，进士同年之间、座主与门生之间的请托之风盛行，这种风气很容易造成朋党、腐败等流弊滋生。基于这些因素，若说他起了推波助澜的作用，以此打击李宗闵，亦未可知，但考史无据。

虽然李德裕自视甚高，但从本质上来说，他并不反对科举取士本身，而是反对这种制度的不完善所带来的弊病。因此，在唐文宗朝和唐武宗朝两度为相期间，他力推科举改革，要求停止诗赋，注重文章论议；禁止宰相提前探看榜文；限制座主与门生之间、同年与同年之间的私人交往。尽管说过高级官吏应由公卿子弟来担任的话，但他于行动中却常有奖掖孤寒之举。正因为这样，才会有后来因他而起的"八百孤寒齐下泪"的轰动场面。

唐穆宗长庆二年（822年）二月初五，朝廷任命李德裕为中书舍人，仍旧担任翰林学士。

中书舍人是正五品上的官阶，具体负责皇帝诏书、敕令的起草。这个中书舍人的职务，应当说是李德裕心仪已久的职位，掌管起草撰写、拟定皇室的诏书，专门承办皇帝的机要命令，参与分析国家的政事，帮助皇帝参谋决策。他的父亲李吉甫当年就担任过这个职务。这时候，李德裕尽心竭力，日夜值守在皇帝的身边，操心国事。他对朝廷提出了许多非常中肯和切合实际的政见，大多都被皇帝采纳。

李德裕写了一首诗《长安秋夜》，叙述了此时的心境，诗中写道：

内宫传诏问戎机，载笔金銮夜始归。
万户千门皆寂寂，月中清露点朝衣。

这首诗的意思就是皇宫传出诏书问询前方战机，金銮殿处理完国事深夜才归。千家万户此时已经寂然入梦，月光下露水清莹点湿了朝衣。

这一年（822年）的二月十九日，朝廷任命翰林学士、中书舍人李德裕为御史中丞。那是国家最高监察机关的副长官，为正四品下的官阶。

李德裕升任御史中丞后勤于政事，执法、监察公正廉明，不徇私情，尽心尽力，恪尽职守，刚直无畏。于是官吏得到整顿，法纪严明，朝廷的纲纪得以肃正。

同年元月，权臣李逢吉耍弄政治手段，罢免了元稹、裴度的宰相职位。由他取代裴度为门下侍郎、平章事，成为宰相。

李逢吉取得相位后，就想立即打击报复原来与他有私怨的人员。当时，李德裕和牛僧孺都有升任宰相的希望。李逢吉想要引荐牛僧孺与其共同做宰相，担心李德裕和李绅从中阻挠，于是竭力排挤李德裕。

这一年的九月十六日，朝廷任命御史中丞李德裕为润州刺史兼御史大夫、浙江西道都团练观察处置使。

李逢吉为了扶持牛僧孺，排挤李德裕出京任职，可谓费尽心机。其实他这个人的品德很差，经常耍弄权术，营己之私，结交宦官，权倾天下。唐宪宗元和年间，李吉甫出任宰相之时，力主武力讨平叛乱的藩镇，李逢吉与李吉甫政见不同，反对平藩战争。当时政见冲突得很激烈，两人矛盾也越来越深。虽然李吉甫在平藩半途暴病而亡，然而宰相裴度延续李吉甫的策略，终于平叛收藩，取得了胜利。李逢吉自感脸面无光，痛恨李吉甫，进而憎恶上了李德裕，所以才有李德裕的被排挤出京城。

长庆三年（823年），朝廷任命牛僧孺为中书侍郎、同平章事，做了宰相。

牛僧孺（780—848年），字思黯，安定鹑觚人。牛僧孺是进士出身。元和四年（809 年）以贤良方正对策，与李宗闵等共同抨击时政，为宰相李吉甫排斥而久不任用。这个人比李德裕年长八岁，才干平庸，喜欢发表自己的见解，排斥别人的意见，尽管有时他的意见很荒唐，却仍很固执，争强好胜，但为官廉洁。他和李宗闵结成朋党，成了李德裕的对头，彼此之间互相攻击、排挤。

后来李德裕主政期间，多次寻找机会想要加罪于牛僧孺，但因牛僧孺素来廉洁正直，受人敬仰，无从寻其漏洞和破绽。

牛僧孺得到穆宗皇帝的宠信是因一件小事。

牛僧孺为官比较正派，他不受贿赂，在当时很有好名。《新唐书》记载了这么一件事：士族韩弘入朝为官时，其子曾厚赂宦官朝贵。韩弘父子死后，皇帝派人帮助其幼孙清理财产时，发现宅簿上"具有纳赂之所"，至僧孺名下，独注其左曰："某月日，送钱千万，不纳。"穆宗看了这批语大受感动，在议论宰相的时候，"首可僧孺之名"，认可对牛僧孺的提名。

长庆二年（822 年）九月，李德裕受李逢吉排挤出为浙西观察使，使他本来有望出任宰相的前途一下子暗淡了下来。尽管政绩突出，但此后八年李德裕一直没有得到升迁。

当时的穆宗朝廷大权为权臣操纵，朝廷没有公平的政治，官员没有公正的议论，小人混迹于朝廷之中，皇帝成为掌权党派用来打击对方的棍子。其时，政治腐败，藩镇势力趁机发展，社会动乱不安，唐玄宗以前的大唐盛世已经走向末路了。李德裕当时所处的就是这样一个时代。

李德裕在官场生涯中第一次品尝了遭人排挤、去职离京的滋味。

第四章

浙西观察使

长庆二年（822年）九月，李德裕出任浙西观察使，取代了窦易直的职位。这年，是李德裕的本命年，三十六岁。

三十六岁是人生一道坎，也正是干事业的年纪，李德裕决定要像父亲一样干出一些政绩来。

李德裕初到润州，就碰上了一件棘手事。什么事呢？据《资治通鉴》记载，七月，北方宣武发生军乱，将士杀死节度使李愿的妻子以及内弟。时任浙西观察使的窦易直闻知宣武军乱，很是害怕，担心润州也出同样的事情，就想从库房里拿出金银布帛来赏赐将士。窦易直的这一想法实在是荒谬得很，有人便提醒他说："这样的赏赐师出无名，恐怕将士会更生疑心。"窦易直遂打消了这一念头。谁知消息已散布出去，将士正等着领赏赐，突然听说赏赐取消了，心里很是不满。大将王国清便趁人心不定的时机，起兵作乱。

据《旧唐书·窦易直传》记载，兵变发生后，王国清很快就被缉捕下狱。没想到数千名党羽攻入监狱，将王国清给劫走了。眼看着乱党就要在城中大肆劫掠，窦易直登上城楼，对将士大呼："能诛为乱者，每获一人，赏十万。"将士大喜，四处搜捕乱党，很快平定了叛乱，共杀死王国清及其党羽三百多人。

"天下本无事，庸人自扰之"，这话说得真是一点不错。这场兵乱，原本就是窦易直自己没事惹来的。李德裕任润州刺史后，窦易直调任吏部侍郎。窦易直任京官去了，却给李德裕留下了一个烂摊子。据《旧唐书·李德裕传》所记，当时润州府库空虚，军政松弛，将士虽然因平乱得到了很多赏赐，却一点也不感激，反而骄纵难制。

李德裕到任之后，经过一段时间调查走访，他发现军政和民俗存在许多问题，他决定着手进行整治。面对摆在面前的种种困难，他决定一一解决。首先是稳定军队，只有军队稳定了，地方治安才能稳定，但是让他头痛的是地方财政枯竭和府库空虚严重的问题。

润州丞王国清兵变之后，前任使官窦易直倾尽官府财物赏赐供给军用，军队日渐骄横，官府财物耗尽。李德裕节省自己的日常供养，将本州财赋的留用部分，全部供养军队，尽管所给不甚丰足，将士并无抱怨。以身作则，率先垂范，公平奖惩，李德裕这样做使将士感动不已，他们自觉改掉了居功自傲、骄横跋扈、挥霍浪费等坏习惯。

在润州，李德裕建起自己的僚属机关。他任命李蟾为观察判官，郑亚为幕府从事。据《北梦琐言》记载，当时有个文人叫刘三复，小时候家里很穷，但"苦学有才思"。刘三复听说李德裕到了润州，便带着文稿去求见。正巧穆宗派人送来御书，李德裕便想试试刘三复的才情，对他说："子可为我草表，能立就，或归以创之。"刘三复说："文理贵中，不贵其速。"李德裕认为刘三复说得很有道理。刘三复在读了李德裕的文集后，依照他的文法，草写了一表，李德裕甚为嘉许，将刘三复辟为掌书记。

李德裕勤俭治军，奖罚分明，稳定了军纪。同时打击了当地欺压老百姓的恶霸和地头蛇，社会稳定，治安良好，赋税征收了上来，府库也充实了，军需开支紧张的局面也得到了改变。

这一年，李德裕在润州娶丹徒县女子徐盼（字正定）为妾，徐盼时年十六岁。李德裕非常喜欢徐盼，徐盼后来为李德裕生了两个儿子，一子夭折，一子名烨，字季常。徐氏卒于太和三年（829年），葬洛阳邙山。

李德裕虽在地方上做官，但一直关注着朝廷，多次给朝廷上书，借事寄托情怀，表达自己的观点和建议，以期得到皇帝的推重。

唐穆宗在位期间，游幸无常，好击蹴鞠奏乐，耽于酒色，久不视朝，把国家政事忘在九霄云外。一日，唐穆宗击球致病，不理朝政。宦官王守澄与宰相李逢吉相勾结，专制国事，势倾朝野，政治更加腐败。唐穆宗还希望长生不死，很早就开始服金石之药。长庆四年（824年）正月十一，唐穆宗服金丹中毒，病死在皇宫中的寝殿，年仅三十岁，在位四年，后葬于光陵。

转眼之间，大唐又有了新的主子，登基的是唐穆宗的儿子敬宗李湛。敬宗即位时虽只有十六岁，但比起穆宗来，却更是整日沉湎于声色犬马，荒淫无度。李德裕耳闻这些消息后，心里很不安，他为大唐担忧不已。

敬宗登基这年的七月，下诏浙西"造银盝子妆具二十事进内"。什么是盏子呢？这是一种小型妆具，经常用来盛放香器或珠宝。李德裕接到诏令，吓了一跳，仅此一项，就需用银一万三千两，金一百三十两。就在一年前，穆宗尚未驾崩时，即下诏浙西造银盏子进奉，共用银九千四百余两。李德裕"诸头收市"，方才勉强交差。这次接到敬宗诏令，李德裕勉力筹得银一千三百两，打造了两件银盏子，送呈敬宗。此外，他给敬宗上表，说明浙西诸州财力不济，请求免除进奉。李德裕上此表的深意，是劝谏敬宗爱惜民力，但他始终没有得到敬宗的任何批复。相反，这年九月，敬宗再次下诏，令浙西进奉缭绫一千匹。据《旧唐书》记载，李德裕又再次上表，对敬宗加以讽谏。这回敬宗终于被李德裕的上表打动了，免除了此次的缭绫进奉。

李德裕首次上表时说："臣一生多有幸运，得遇昌隆时期，受职著名藩镇，常忧荒废职分，朝夕勤勉奉公，报答皇上恩德。就任数年以来，水旱灾害不断，臣下竭尽绵薄心力，略能免除百姓逃荒，物资财力方面，尚未完全恢复。臣下敬遵今年三月三日敕文：例常贡赋之外，不使另有进献。这是陛下极其圣明，洞察秋毫，一则担心横征暴敛的官吏假借进贡行诈，一则忧虑受灾凋敝的黎民不堪身受弊害。陛下在上弘扬节俭美德，对下普施哀怜仁心。万方百姓，振奋不已。臣日前敬奉五月二十三日诏书，命臣访求茅山的真正隐士，让臣效法其处世谦逊坚行俭约的准则，发扬讲求务实摒弃浮华的美德。尽管无人进献酬报皇上的敕令，实际四海之内已息玄谈的风气。岂止微臣一人，独怀鼓掌庆贺之情？

"况且进献之事，臣下常挂在心；纵有命令不许，亦当竭力上贡。只是臣所在的浙江西道，空有富饶之名，近年以来，异于往日。贞元年间，李锜任浙西观察使时，兼管盐铁，除百姓按惯例缴纳酒业税外，又设官办酒业，双重征收酒税，获利极为丰厚。臣还察访得知，当时浙西进献朝廷，又兼用盐铁经营的盈利，因此进贡名目繁多，此后再莫能及。至薛苹任浙西观察使时，再次奏请设置酒业专营税收，进贡朝廷之外，所余钱财颇多，军费财用之中，实为优裕丰足。自元和十四年七月三日朝廷下令，业已停止酒业专营税收。又据元和十五年五月七日赦文，各州财政结余，不让交送使府；镇使仅有各州赋税自留使用的五十万贯钱。每年开支用度，尚欠十三万贯空缺，凡事常须节俭，千方百计填补，财政经费之中，仍然不免长期空欠。至于采绫轻绡等物，尚属本州出产，容易变通行事。金银本州不产，全须外地购回。

"去年二月间臣奉内宫诏令，进献梳妆匣子，共用白银九千四百余两。当时官府贮备总共不足二三百两，去往各方收购，才得制成进贡。日前又奉诏令，责成进献妆具二十件，预计需用白银一万三千两，黄金一百三十两。臣立即命令合并四节进奉本道的金银，造成两件献到宫中。今又派员到淮南收买金银，随到随选，连夜不停；臣虽竭力谋求，仍然深深忧虑达不到诏令要求。臣若依旧不奏明实情，将辜负陛下任用臣的恩典；臣若额外苛求百姓，又将损害陛下仁慈节俭的美德。敬祈陛下过目臣下前回所呈关于以往专营酒业利税及各州盈余的账目，即知臣之军费财用的短缺及其前因后果的缘由。敬料陛下见到臣的奏议，定会赐恩详察，明白臣下竭诚爱君守职的节操，极尽献忠直言的诚意。敬乞圣上赐以慈爱，明令宰辅大臣商议：教臣怎样能对上不违背诏令的索取，在下不空缺军费储备、不使黎民艰难贫困、不招致人心怨沸，那么先后索贡的几个诏令，臣一并皆可遵旨奉行。每每冒犯圣上威严，不胜恐惧之至。"

当初按照赦令不许进献，当月一过，征贡的使臣，一路相继而至，因此李德裕随同呈诉一并劝谏。进奏之后，不予答复。

接着，又诏索满幅盘绦缭绫一千匹，李德裕再次上表：

"臣日前依据诏令所索，已具办本道按年度计算的军费及近年物资财力报表呈奏，敬料圣上慈爱，必已惠览详察。臣又恭奉诏旨，命臣织就罗纹轻绢袍片和满幅盘绦缭绫一千匹，敬读索贡诏书，倍增惶恐焦灼。

"臣敬闻太宗时，朝廷使臣至凉州发现名鹰，示意都督李大亮进献。大亮密呈奏表力陈拒献之真情，太宗皇帝赐诏说：'使臣派献，尽可不从。'嘉许赞叹再三，此事载于史书。又，玄宗派宦官到江南捕捉池鹭等鸟，汴州刺史倪若水上呈奏论，玄宗亦赐诏嘉许、纳谏，所捕珍禽当即全部放掉。玄宗又命皇甫询在益州制造半臂背子、琵琶扦拨、象牙雕合等，苏颋不受诏令，即自令停织。太宗、玄宗都不加罪于他们，反而欣然采纳其意见。臣暗想：池鹭牙雕，事极细微，若水等人尚且认为劳民损德，进言竭诚效忠天子。在圣明先祖朝代，有臣子如此忠诚，难道当今英明王朝，偏会没有这样的人？想是有权位者隐瞒不讲，定非陛下拒谏不纳。

"又，敬睹陛下四月二十三日的恩诏称：'方叔、召虎那样的中兴重臣，不要有谁抛弃我，认为我不可教诲。若朕有违背天道伤害天理、屈从私欲贪图安逸之事，望当面批评，朝堂指责，不要有所隐藏忌讳。'这正是陛下纳谏从善，教导臣子光大祖风的表现；若不尽忠规谏，过失在于臣下。况且玄鹅天马、掬豹盘绦、文彩珍奇之物，只该圣上自用。今命织选盘绦缭绫千匹，费用极多；臣下对圣上一心尽忠，对此也有不可理解之处。昔日汉文帝穿着粗质黑绨衣物，汉元帝取消轻柔纤美服饰，他们的仁爱恩泽慈善节俭，至今为人称颂。敬祈陛下近观太宗、玄宗皇帝的宽容纳谏，远思汉文帝、孝元帝的严肃克己，将臣前回所上表向群臣公布考察为臣所辖区域物力所能承担的限度，对贡赋再加以节减，那么沿海地区的百姓，就将无人不受陛下恩惠。臣不胜诚挚、惶恐之至。"

李德裕以太宗命李大亮停献名鹰、玄宗禁止在江南捕捉奇禽异鸟的故事为鉴戒，极力劝谏敬宗要以太宗、玄宗为榜样，学习汉文帝简朴的风尚，请求停进缭绫。朝廷以特异于众的优诏答复，取消进献缭绫。

元和以来，朝廷多次诏令全国各州府，不准私自度人离俗为僧尼。徐州节度王智兴搜刮钱财贪得无厌，借敬宗出生之月为名，奏请在泗州设置僧坛，度人出家积福，以此牟取厚利。江、淮一带民众，尽都结伙渡过淮河。对此，李德裕上表道："王智兴在隶属的泗州设置僧尼传戒的法坛，自去冬起在江、淮以南，处处张榜招设僧坛。江、淮一带自元和二年（807年）后，无人再敢私自度人出家。自从听说泗州设有僧坛，每户有三个成年男子的必让一人削发出家，意在逃避徭役，隐瞒粮产。从正月以来，削发为僧者无以数计。臣这次在蒜山渡查点渡河人员，一日一百余人，经讯问仅十四人为旧日出家受戒者，其余尽是苏、常二州百姓，亦无该州所发文书，臣当即强制他们返回原籍。访察得知泗州所设戒坛的情形是：凡有僧徒去到僧坛，每人缴钱二千文，发给度牒即回，别无任何法事。若不特令禁止，等到陛下华诞节日，总计江、淮以南，将失去六十万壮丁。此事非同小可，关系到朝廷法度。"奏章呈上后，不几天朝廷即诏令徐州取消僧坛。

敬宗荒误朝政日甚一日，出游没有定规，疏远贤能人士，亲近一帮小人。每月上朝处理政务只有两三次，大臣极少能够进言。国人忧惧不安，担心宗庙、社稷转移。李德裕也听说了敬宗登基后，根本不把国家大政放在心上，他的游宴无度较之其父穆宗有过之而无不及。敬宗即位后的第二个月就开始不理朝政。一天到中和殿击球，一天又转到飞龙院击球，第三天又在中和殿大摆宴筵，尽欢而罢。敬宗一味追求享乐，就连例行的早朝也不放在心上。三月的一天，群臣来到朝堂准备入阁议事，可是敬宗一直到日上三竿还没有上朝。大臣为了参加朝会天不亮就要起床准备，而皇帝迟迟不到，时间长了，臣僚坚持不住以至于有昏倒者。对新君这一有悖祖制的行为，谏议大夫李渤提出了劝谏，敬宗在大臣的催促下，过了很长时间才姗姗来迟。退朝以后，左拾遗刘栖楚对皇帝的这一做法更是极力劝谏，他头叩龙墀，血流不止。敬宗当时表现出很受感动的样子，但仍是不改，后来甚至发展为一个月也难得上朝两三次。李德裕身居偏远藩镇，一心向往王室，派遣使者呈献《丹扆箴》六首说："臣下听说'心存敬爱，远莫能助'，这是古代贤人专一侍奉君主的心意。那些行事与君主相距甚远而言语亲密的人危险，地处远方而心志忠诚的人言不顺耳。但臣暗自考虑：臣由先朝圣君选拔，备受恩宠荣耀，若不忠心爱君，这就有负皇上明察。臣刚侍奉先朝皇帝之初，接连发生许多昏暗不祥之事，曾献《大明赋》讽谏，皆蒙先帝赞许采纳。臣今日尽心竭力保全臣子节操以侍奉明主，亦出于这一意念。以往汉宣帝时，张敞出守远镇，梅福身处僻壤，尚能竭诚效忠进言，不避个人受过遭祸。何况臣下曾学史书，略知规谏之义，即使远离陛下，仍想诤言进谏。敬献《丹扆箴》六首，圣上天聪明鉴，臣下惶恐不已。"

李德裕意在恳切规劝，不想直接明言，因此假托箴言尽倾心意。《宵衣箴》暗示敬宗上朝既稀又晚，《正服箴》暗示敬宗服饰不合礼制，《罢献箴》暗示滥征玩赏物品，《纳诲箴》暗示轻弃正直之言，《辨邪箴》暗示信任众多小人，《防微箴》暗示轻率外出游历。敬宗虽然不能完全采用他的意见，仍命学士韦处厚代拟殷恳的复诏，十分嘉许容受其良苦用心。李德裕长期留任长江一带，心中依恋朝廷，借事寄托情怀，以期得到皇帝的推重。但因李逢吉当政，设置重重障碍，始终不能调回朝廷。

李德裕为民请命，而且不怕得罪皇帝，这是他刚正无私的具体表现。宋代的史学家孙甫在《唐史论断》中如此评价："李德裕在浙西，昭愍凡有宣索，再三论奏，罢其贡献，此以生民为意，不奉君之侈欲也。"

李德裕在给朝廷上书的同时，依然勤俭治军，社会稳定后，他决定对浙西一带的民俗弊端进行整治，革除陈规陋习，移风易俗，以儒家伦理道德教化百姓。

当时浙西一带的人们普遍迷信，深受鬼怪之说迷惑，相信世间真的存在鬼怪，对巫师卜卦奉若神明。这里的百姓，一旦有人得了瘟疫等恶重病症的，人们就迷信地说这是鬼附身，一定要抛弃于荒野，即使是父母、亲兄弟也没有人去照顾，不管不问，直到病人死去。

针对这一陋习，李德裕一方面挑选一些知书达理而又有威望的人进行晓之以理的说服教育，用人伦道理来感化他们，申明人们之间的孝敬、友爱和亲情的道理，教导他们做人的道理，教导他们在亲人生病之际要互相照顾，千万不可抛弃不管，更不可迷信鬼神。还让这些人回到乡下广为宣传、深入教化，促使他们改变旧俗，破除迷信。同时，李德裕还让他们把抛弃的病人接回家，请大夫给这些生病的人看病。

李德裕还反对百姓厚葬，提倡节俭。并建议："今百姓等丧葬祭奠，并请不许以金银锦绣为饰。其陈设乐音者，及葬物稍涉僭越者，并勒毁除。结社之类，任充死亡丧服粮食等用使，如有人犯者，并准法律科罪。"

另一方面，李德裕又颁布官府命令进行依法整治，凡是沿用旧俗而不改的，一律由官府查办。这样，几年之后，弊风尽除。人们之间充满了亲情和友爱，民风淳朴。人与人之间以诚相待，淳厚朴实，敬老爱幼，和睦相处，待客如宾，童叟无欺，人们生活幸福美满。

同时，李德裕还把人们在山坡上修建的私宅、别墅和荒弃的房屋全部清理拆除，拆毁私邑山房一千四百六十处，肃清了土匪、盗贼的藏身之处。

李德裕还对所辖郡县的祠庙，依据方志，是前代的名臣先贤才供奉；诸郡之内，拆除滥设的祠庙一千零一十五所。百姓乐于接受他的政教，朝廷特行诏书给予嘉奖。

李德裕在润州"兴建儒学"，取得显著成效，产生很大影响，以至"天降膏露，显于庙廷，俗变风移，遂至于道"。

李德裕为地方做了许多实事，其中意义最为深远的一件，当是在北固山建甘露禅寺。宝历二年（826 年），李德裕为了替穆宗增添冥福，着手在北固山上建造甘露寺。甘露寺虽然因三国时刘备招亲的故事而名扬海内，但那只是传说故事，这座名刹的创建，是在唐代晚期。据《嘉定镇江志》记载，"时甘露降此山，因名"。

此外，李德裕还在甘露寺旁建造了一座石塔，将从久已荒废的上元县长干寺阿育王塔旧塔基下取来的十一粒舍利，移置石塔之下。因李德裕被封为卫国公，故此塔亦名"卫公塔"。石塔早毁，北宋元丰元年（1078 年）方始改建为铁塔。

李德裕在《重瘗禅众寺舍利题记石刻》中写道："余长庆壬寅岁穆宗皇帝擢自宪台，廉于泽国，星霜八稔，祗事三朝，永怀旧恩，没齿难报，创甘露宝刹，重瘗舍利，所以资穆皇之冥福也。"李德裕此文写于太和三年（829 年），在位的是穆宗的另一个儿子唐文宗，所以李德裕文中才有"祗事三朝"之语。由此可见，甘露寺建成以及在石塔下重瘗舍利，都是太和年间的事了。

李德裕出镇润州，留下了很多和甘露寺有关的逸闻趣事。《桂苑丛谈》里就有两则有趣的故事。李德裕从润州被召回京师前，到甘露寺游玩，顺便拜别主事僧。临别前，李德裕将别人送给他的一根筇竹杖送给主事僧，以表赠别之意。此杖乃是李德裕的心爱之物，虽系竹子制成，但杖身是方的，手握着向上，节眼、根须从四面对称而出，十分可爱。几年之后，李德裕复为浙西观察使。他故地重游，又来到甘露寺，询问主事僧竹杖现在何处。主事僧忙命人取来，谁知此杖已被主事僧刮圆，而且涂上了漆。为此，一连几天，李德裕心里都很不舒服，嗟叹不已，自此再也不去见这个主事僧了。

另一则故事还是关于主事僧的。甘露寺的前几任住持，还有几个掌管寺内财物的僧人，状告现任住持损公肥私，将寺里库存的三百两黄金私吞了。他们异口同声地说，寺内有三百两黄金代代相传，而现任住持上任不久，却说账上的三百两黄金未见实物。新任住持被判私吞寺内财产，正在府衙听候发落。

当时在江浙当巡察使的李德裕得知此事后，觉得此案有蹊跷。他叫来寺里的僧人，想问个清楚。僧人都说，前几任住持任意挥霍寺内财产，僧人们早已愤愤不平。可是，这三百两黄金的存放地点，寺内只有少数几个人知道，这里面孰是孰非，僧人就不清楚了。

李德裕又叫人把新任住持叫来，新任住持上堂后便大喊冤枉："我上任后，查看寺内财产清单时，见账上写着三百两黄金，是历代住持代代相传的。待我查验库内实物时，却不见黄金的踪影，我问前任住持，谁知他竟栽赃于我，说我私吞寺内财产。大人，我着实冤枉，请大人明察。"

李德裕通过多次察访后得知，原来，这寺内哪里存着什么"三百两黄金"，这都是历任住持凭空交接的一笔糊涂账。住持换了一代又一代，手脚都不干净。几个掌管寺内财产的僧人和前几任住持同流合污，乐得越糊涂越好。他们个个捞得盆盈钵满。就这样，一笔三百两黄金的"财产"，一直传到了新任住持手上。可是，几个告状的僧人一口咬定：三百两黄金实属亲眼所见，亲手所传。且有账目记载，白纸黑字，岂能有假？

公堂之上双方各执一词，都说自己有理，李德裕深思许久，终于想出了一个破案的好办法。

第二天，他叫差役抬了一筐黄泥来。然后，又传令左右带原告僧人上堂。几个原告僧人早有密约，自以为必定胜诉无疑。于是趾高气扬，目中无人。这时，李德裕不紧不慢地说："各位都说，三百两黄金乃寺内所藏，代代相传。那么，你们都是亲眼见过这三百两黄金的了？"几个原告僧人连连点头，忙不迭说道："这三百两黄金都是我们亲眼所见，亲手所传。"

"好。"李德裕随即吩咐左右，"来人，将筐内黄泥，每人一份，分给原告众人。"差役上来，把一筐黄泥分成几份，交给几个原告僧人。然后，李德裕又把几个原告僧人带到府衙的一排房子前，对他们说："现在，你们各自分头进一间房子，把你们见到的那三百两黄金照样子捏出来。"

一听这话，几个原告僧人都慌了，没办法，只得分头去捏。大约过了半个时辰，李德裕吩咐差役，把众僧人捏出的样子，都摆到堂前。只见众僧人捏出的样子，什么形状的都有，一人一个样。

李德裕一拍惊堂木喝道："你们还有什么话说？"几个原告僧人一见露了马脚，都像霜打的茄子。李德裕乘机把他们贪赃枉法之事一一列出。几个原告僧人只好认罪。

李德裕又叫来新任住持，对他说："你的冤屈，本大人已为你查明。你且回去，好好掌管寺内财物，且不可学前任住持。"新任住持点头称是。他回到甘露寺后，细心料理寺内事务，甘露寺又逐渐兴盛起来。

第五章

圣水事件

唐敬宗宝历二年（826 年）正月，曾几度为相又颇有政绩的裴度来到了朝廷。这年二月，敬宗皇帝任命裴度为宰相。到了年底，李逢吉等人被排挤出朝廷，出任地方节度使去了。

原宰相李逢吉与宦官王守澄相勾结，专制国事，权倾朝野，横行一时，打击异己，罢斥贤良，到如今机关算尽，也算是自食其果。

李德裕受家庭熏染，对道教有很深的信仰。李德裕的祖父和父亲均与道士有密切的来往。据《太平广记》卷《李栖筠》载其询问道士前程："李大夫栖筠未达，将赴选。时扬州田山人，烟霞之士也，颇有前知。往见之，问所得官。"可见道教对李德裕祖父的影响颇深。李德裕的父亲李吉甫与道教的关系不甚明了，但他曾撰写《唐仙都观王阴二真君碑》《景德观三真人碑》和《唐平度山真人影堂记》，由此可以窥见李吉甫与道士来往的信息。

李德裕撰有《三圣记》曰："有唐宝历二年岁次丙午，八月丙申朔，十五日庚戌，玉清玄都大洞三道弟子、正议大夫、使持节润州诸军事、守润州刺史兼御史大夫、充浙西道都团练观察处置等使、上柱国、赞皇县开国男、食邑三百户、赐紫金鱼袋李德裕，上为九庙圣主，次为七代先灵，下为一切含识，于茅山崇元观南，敬造老君殿院，及造老君、孔子、尹真人象三躯，皆按史籍遗文，庶垂不朽。谨记。"李德裕自称道号，其妻、妾在润中时也皆有道号，这都可以见唐时道家思想及道教对士大夫的影响，正如贾𫗧所作碑铭中所说："德裕施政，仍重儒学，或儒道并重。"

李德裕在《唐茅山燕洞宫大洞炼师彭城刘氏墓志铭并序》中说："中年于茅山燕洞宫传上清法箓。悦诗书之义理，造次不渝；宝老氏之慈俭，珍华不御。"此云中年，按此推断李德裕四十岁、妻子刘氏三十九岁在茅山燕洞宫传授上清法箓。

敬宗皇帝信奉道教及神仙之说，遣使遍访"异人"，敬宗皇帝目的就是想延年益寿，长生不老。

敬宗被两街道士赵归真用神仙法术之说游说，应当访求有仙术的异人学习他的仙术；僧人惟贞、齐贤、正简则以建庙祭神祈福游说敬宗，以求长寿。这四个人都能进出内宫，天天进演邪说。方士杜景先呈文朝廷，请派他去江南求访异人。他到了浙西，声称有个隐士周息元年寿已数百岁，敬宗立即命高人薛季棱前往润州迎接，还下诏给李德裕派军车送他。

是不是李德裕把周息元推荐给敬宗皇帝的呢？这个一直众说纷纭。

据北宋欧阳棐撰写的《集古录目》所载，周息元为李德裕所荐，圣祖院之建也出于李德裕之意，似是李德裕主动迎合敬宗访道求仙的行动。今按《全唐文》卷七三一载贾𫗧《大唐宝历崇玄圣祖院碑铭并序》，文中并没有说周息元为李德裕所推荐，相反，文中却谓是应敬宗之命。实际情况当是敬宗听信杜景先之说，下诏命浙西征周息元入朝，李德裕当然不能公然抗命，于是一面备礼聘请，并与之商议建立崇圣院，一面在中使回朝时，上疏言周息元不可信。从李德裕上表中可以得到佐证，他没有把周息元推荐给敬宗皇帝，"臣之所以在三年之中，四次接到诏书，不敢推荐一个所谓的异人以搪塞诏令，实在是因为臣有所忧惧"。

薛季棱在润州迎到周息元后，李德裕特摆酒席款待他们。关于这个周息元，李德裕也听说了一些，润州人对周息元评价并不好，也许外来的和尚会念经，方士杜景先的一番夸夸其谈就让敬宗皇帝动心了。李德裕想试探一下周息元。一个真正的道士可以吃荤，可以成家，但他绝不会吃四种东西，即牛、狗、大雁和乌鱼。牛乃道家圣物，道祖老子的坐骑就是青牛，当年老子骑着青牛西出函谷，留下了《道德经》。而《道德经》中说牛羊吃草，是纯善之物。所以，道家的祖师们严令弟子吃牛。狗乃忠诚的象征，当年纯阳真人被狗咬也不会去惩罚它，所以，道教禁止吃狗肉。大雁代表坚贞，不食鸿雁，因其贞。乌鱼是孝鱼，道教敬畏天地，也尊重人伦，故而不食乌鱼，因其孝。

李德裕特意给周息元上了一盘牛肉和狗肉，还给他斟满酒。周息元端起酒杯一口而干，大口大口吃起了牛肉和狗肉，然后说得天花乱坠。周息元自称认识二百多年前的张果老和大唐的开国皇帝唐高祖李渊，老子托梦邀请他去喝酒，还把炼丹长生绝密术传授给他。

李德裕皱着眉头望着大吃大喝的周息元，在他的眼里，周息元简直就是一个疯子。

第二天，李德裕用军车亲自送周息元和薛季棱回京城，他想趁这返回京都的机会上表。在李德裕看来，周息元为人处世荒诞虚妄，夸夸其谈，是个不可靠的人。

周息元来到京都，敬宗让他居住在山亭中，向他询问方术。周息元自称认识二百多年前的张果老、中宗时期的叶静能。敬宗下诏给写真待诏李士昉，询问他们的形貌，并将其绘制成图进献。周息元是乡野之民，本来就没有道行学问，论事荒诞虚妄，不近人情。

关于李德裕趁返回京都这个机会呈的奏疏，史书是这样记载的：

"臣听说道行至高者莫过于广成、玄元，人间至圣者莫过于轩辕、孔子。当初轩辕黄帝询问广成子：'养生的精要是什么？怎样才能长生？'广成子回答说：'视而不见、充耳不闻、静心守神。身躯自会完善，心神自必纯净。不要劳损肢体，不要摇荡精神，便可长生。谨慎固精守一，以使身心和顺。因此我修养身心一千二百岁了，形体从未衰老。'又说：'获得我的道术，上可为皇帝下可为王侯。'玄元对孔子说：'去掉您的骄气与多欲，故作姿态与过分追求，这些都无益于您的身体。我能告诉您的就是这些了。'因此，轩辕黄帝发出以广成子为神的赞叹，孔子产生玄元如神龙高深莫测的感慨。先圣关于养生之道的见地，难道不是全理吗？

"臣敬思：太宗皇帝陛下，取用玄元祖师老子的教诲修性，遵循轩辕黄帝的道术养生，凝神于静舍，访求异人，是借以神遇肌肤冰雪的神人，竭尽顺应时尚的真情。臣敬思：受到圣上感召，必有真仙降临。假若广成、玄元掩藏本相而来，告诉陛下的养生

之道，传授陛下的长生真言，据臣料想，不会超出以上所讲的道
理。臣忧虑的是，应召者必是迂阔怪诞之士、随便附和之徒，用
药物消融厚冰，以他的区区小技，炫耀旁门左道，蒙蔽圣上视听。
就像汉朝方士少翁、栾大所当的文成大将、五利将军，虚妄之言
无一可以验证。臣之所以在三年之中，四次接到诏书，不敢推荐
一个所谓的异人以搪塞诏令，实在是因为臣有所忧惧。

"臣又听说前代帝王，纵然喜爱方士，却没有服用方士药物
的，因此《汉书》仅称：黄金可以炼成，用它制作饮食器皿便会
延年益寿。又，高宗朝的方士刘道合、玄宗朝的方士孙甑生，都
曾炼成黄金，二位皇祖终究不敢服用，难道不是因为宗庙社稷事
关重大，不可轻视？这些事在国史上记载得明明白白。据臣浅见，
倘若陛下明智谋虑精诚求索，定能招来真正的隐士，只问保真养
和的方法，不求服药长生的功效，即使终于炼成黄金，也只供观
赏把玩。那么九庙供奉的历代皇祖在天之灵有鉴，定当欢欣喜悦；
海内万民，谁不欢心？臣竭尽愚诚，以期补助教化，不胜忧惧
之至。"

面对李德裕的上表，敬宗压根没有时间去看。敬宗实在是太
喜欢玩了，他也实在是太会玩了，他的游乐无度较之其父穆宗有
过之而无不及。唐敬宗近乎疯狂的游乐，曾在宫中引发了一系列
的突发事件。即位不久，就有位叫徐忠信的平民百姓闯入了浴堂
门，引起了一场虚惊。四月，又发生了染坊役夫张韶与卜者苏玄
明联络数百染工杀入右银台门的严重事件。当时敬宗正在清思殿
打马球，听到张韶等百余人的喊杀声，狼狈逃到左神策军避难。
左神策军兵马使康艺全率兵入宫，把已经攻进清思殿并登上御榻
而食的张韶等人杀死。八月秋夜，又发生了妖贼马文忠与品官季

文德等近 1400 人图谋不轨的事件，当事人皆被杖死。唐敬宗本人生性喜好奢华，大兴土木，即位以后，从春天到寒冬，兴作相继，没有停息的时候。各级官员和匠役之人都怨声载道，染坊役夫张韶作乱，不啻是对他的当头棒喝。

大臣认为这些事件都是因为敬宗一味沉湎于游乐，经常不在宫中，而给不法之徒以可乘之机。敬宗认为大臣的说法有道理，但是不予采纳，自己的玩乐却变本加厉，花样不断翻新。

宝历元年（825 年）十一月，敬宗突然想去骊山游玩，大臣们都极力劝阻，他就是不听。拾遗张权舆在大殿叩头进谏："从周幽王以来游幸骊山的帝王都没有好的结局，秦始皇葬在那里，秦朝二世而亡，玄宗在骊山修行宫而安禄山乱，先帝去了一趟骊山，享年不长，回来就驾崩了。"唐敬宗听了这话，反倒引发了更大的兴致："骊山有这么凶恶吗？越是这样，我越是应当去一趟来验证你的话。"结果，他不顾大臣的反对固执前往，即日回到宫中，他还对身边的人说："那些向朕叩头的人说的话，也不一定都可信啊！"丝毫不把臣下的意见当回事。

敬宗也同样喜欢到鱼藻宫观龙舟竞渡，有一天突然给盐铁使下诏，他要造竞渡船 20 艘，要求把木材运到京师修造。这一项的花费总计要用去当年国家转运经费的一半，谏议大夫张仲方等力谏，他才答应减去一半。

唐敬宗不仅自己喜欢打马球，还要禁军将士、三宫内人都参加。有一次，他还在宫中举行了一次体育盛会，马球、摔跤、散打、搏击、杂戏等，项目很多，参加者也很踊跃。最有创意的是唐敬宗命令左右神策军士卒，还有宫人、教坊、内园分成若干组，骑着驴打马球。因为敬宗兴致很高，一直折腾到夜里一二更方罢。

敬宗还喜欢打猎，平时白天玩不够，就深夜带人捕狐狸以取乐，宫中称之为"打夜狐"。唐朝在这样的皇帝手上不亡国已是万幸，历史上评价敬宗为"不君"。我们确实看不到敬宗在治国方面的才干，却随处可见他在玩乐方面的本领。敬宗是一位马球高手，又善手搏，观赏摔跤、拔河、龙舟竞渡之类的游戏从来都是乐此不疲。他还专门豢养了一批力士，昼夜不离左右。他不仅要各地都选拔力士进献，而且还出资万贯给内园招募，很舍得在这些力士身上花钱。敬宗玩兴一来，也就没有了什么顾忌：力士们有的恃恩不逊，敬宗动辄就将其配流、籍没；不少宦官小有过犯，轻则辱骂，重则捶挞，宫中宦官许遂振、李少端、鱼弘志等还因为与他"打夜狐"配合不好而被削职，搞得这些人满怀畏惧、心中怨愤。

李德裕上表后在京城等了几天，他以为敬宗会给他答复的。去年他给敬宗进献《丹扆箴》六首，提出劝谏。唐敬宗命令翰林学士韦处厚起草了一道诏书表扬了李德裕，但如今看来唐敬宗仍然无动于衷，我行我素。李德裕见上表毫无结果，只好郁闷地回去了。

这时，汴州观察使令狐楚向朝廷报告，说亳州出了圣水，喝了圣水可以降福、驱邪、治病。宰相裴度认为："这是人们妖言惑众，何来圣水？"便命令他们就地堵塞所谓的圣水水源。

李德裕得知这个消息后专门跑到亳州微服私访做调查。他发现，江南百姓竞相奔往，塞满一路。每二三十家，都派一人取水。将去取水之时，患者停食荤腥，饮水之后，又素食两个七日；危重病人，坐等病愈。那水每斗价钱三贯，而取水的人又掺进别的水，沿途转手倒卖，获利千万，大发横财。但是重病患者饮后，大多病情没有好转反而加重，有的甚至病死了。

李德裕将了解的情况详细记录下来，连夜给朝廷写呈表，他在呈表中说："臣访闻此水，本因妖僧诳惑，狡计丐钱。……昨点两浙、福建百姓渡江者，日三五十人。臣于蒜山渡已加捉搦。若不绝其根本，终无益黎氓。昔吴时有圣水，宋、齐有圣火，事皆妖妄，古人所非。乞下本道观察使令狐楚，速令填塞，以绝妖源。"

朝廷依从他的上表，命令狐楚去调查。面对朝廷的命令，令狐楚立即下令抓捕了妖僧，没收了他们所得的钱财。

不明真相的老百姓在妖僧的鼓动下，包围了令狐楚所在的衙门。李德裕在大街上支起釜，烧起柴火，把所谓的圣水倒进釜里，把五斤猪肉放进釜里，他大声说道："如果它真是圣水，肉当如故，连色都不会变。"好奇的人们围拢过来，双眼都盯着釜。过了一阵，水开了，肉变了颜色。再过一阵，肉被煮熟了。他让随从把肉捞了起来，分给人们品尝。人心顿时稳定下来，谣言不攻自破，人们当即散开了。

圣水事件自然就平息了。

亳州本不在浙西辖区，李德裕完全可以不管，但他关心老百姓的生活，调查走访，并奏报朝廷要严查此事，自己还想办法破除圣水治病的迷信，从这件事可以看出李德裕关爱百姓心系百姓的为官品德。

就在这一年，徐盼给李德裕又生了一个儿子，起名李烨。

第六章

希望破灭

宝历二年（826年）十二月初八日辛丑，唐敬宗又一次出去"打夜狐"。回宫之后，意犹未尽，又与宦官刘克明、田务澄、许文端以及击球军将苏佐明、王嘉宪、石定宽等二十八人一起饮酒。年轻气盛的唐敬宗当晚喝了很多酒，他没想到这是一场"鸿门宴"，宦官刘克明等人早已布好了陷阱，他们故意把唐敬宗灌醉。时候已不早了，唐敬宗醉醺醺地跑到更衣室里换衣服。刘克明和同伙们趁机熄灭了大殿的灯火，在黑暗中把唐敬宗杀死在更衣室里。唐敬宗李湛死时年仅十八岁。唐敬宗这种肆无忌惮的游乐，最终把自己送上了不归路。

刘克明本来只是个小人物，却因为善于拍马屁，巴结贪玩的皇帝，成了朝中的搅局者，实在让人惊愕。刘克明一个太监，居然能够搅乱后宫，令人匪夷所思，当然他最后也没落得好下场。

刘克明之所以这么肆无忌惮，其实是有深厚背景的。从大了说，唐朝从唐玄宗之时，就开始重用太监，开了太监专权的先例。

高力士当时的权力真可谓权倾朝野，连宰相大臣都要向他屈膝。之后几朝还出了李辅国、程元振、鱼朝恩等擅权的太监，这几位都掌握军权，连宰相都惹不起。从小了说，刘克明能够进宫，是因为他是大太监刘光的养子，他十几岁就入宫。其他的太监不管权势多大，但是他们都是阉人，而这个刘克明居然连这个最基本的程序也省略了，足见他的养父权势有多大。刘克明进宫之后，就被安排在太子李湛身边。为讨主子欢心，李湛喜欢什么，他就练什么。李湛最喜打猎、摔跤、玩马球，那刘克明就把这些玩乐项目都玩得出神入化，李湛当然喜欢这样的奴才，很快，刘克明就成了李湛的心腹。

敬宗李湛继位时才十六岁，还是一个贪玩的孩子。当上皇帝的李湛，依然玩心不减，常常出宫游乐，这样不免就冷落了他的妃嫔，至于那些地位低下的宫女，就更不在话下。这样就给了刘克明可乘之机。刘克明先是"临幸"了十多个宫女。后来他觉得还是皇帝的妃嫔漂亮，于是他又跟董淑妃和王昭容秘密来往。这事让敬宗有所察觉，但是聪明的刘克明，却设法遮掩过去。敬宗因为贪玩，也就没再追究。

于是刘克明胆子更大起来。一次敬宗在宫中玩打夜狐的游戏，在经过王昭容的寝宫时，意外撞上了跟妃嫔王昭容私会的刘克明。敬宗怒不可遏，用箭射伤了刘克明，但是这个刘克明居然还有理由狡辩，他的理由是帮助皇上寻找狐狸，这位皇上居然又信了他。

不过刘克明却从此有了危机感，他一怕敬宗回过神来，二怕再跟敬宗的老婆们私通会被发现，于是就起了杀心，他想杀敬宗！他跟绛王李悟、苏佐明等密谋好后，说干就干，很快就纠集了几个太监，趁皇上打夜狐回宫设宴之际，把这个十八岁的敬宗给杀了，随后，刘克明等假冒敬宗旨意，拥立绛王李悟（宪宗第六子）为皇帝，同时又开始谋夺其他宦官手中的权力。

结果惹恼了被称为"四贵"的四大宦官——内枢密使王守澄、杨承和以及神策军左右护军中尉魏从简、梁守谦。这四人是宦官中的实力派。太监王守澄心里清楚，刘克明欲进一步取代王守澄等人的地位，一旦李悟继位，自己的权力将会旁落。王守澄曾多次参与皇帝的废立，一直在朝中掌握大权，当年宪宗皇帝就是他和宦官陈弘庆等人杀害的。王守澄是一个有手段的人，他和梁守谦等人看准时机先发制人，先是前往十六宅迎来江王李涵（李昂），再派出神策军和飞龙兵，把绛王李悟及刘克明在内的一干人全数诛杀。拥立江王为帝，是为文宗。文宗即位后，梁守谦请求致仕，于是王守澄顺理成章接任右神策中尉的职务，握有神策军的控制权，一人兼掌军政二权，确立了其在朝廷不可动摇的地位。

从唐敬宗驾崩，刘克明和绛王李悟等人被杀，到李涵（李昂）乘机继位，这一切只用了短短的两天，发生得太突然了，李德裕得知这一消息时，心情颇为复杂。他出任浙西观察使这短短几年，朝廷竟然发生了这么多事，记得他来浙西前，在位的还是宪宗皇帝，他到浙西后，穆宗皇帝和敬宗皇帝先后死了，一个当了四年皇帝，一个当了两年皇帝，一个二十九岁，一个十八岁。新皇帝的继位，让他忧心忡忡，他心里很清楚王守澄是一个什么人，穆宗在位时，李逢吉就以重金贿赂王守澄，拉拢其为己用，两人于是合作，当时朝廷无任何势力能与之抗衡。

让李德裕欣慰的是，文宗李昂恭俭儒雅，听政之暇，博览群籍，喜欢《春秋左氏传》。文宗本人也擅长作诗，尤其喜作五言诗。曾经说："若不甲夜视事，乙夜观书，何以为人君？"跟前几任皇帝穆宗、敬宗等人的不学无术、贪图享受相比，文宗比他们强多了。同时，他也听说了，文宗还在做江工的时候，就了解穆宗、敬宗两朝的弊端，革新政治，那是他早就有的愿望，如今他终于当上了皇帝，当时的朝野上下都认为国家有希望了。

李德裕在等待着、观望着，他也知道自己不可能一辈子待在浙西。

很快，李德裕看到了希望，韦处厚拜相，裴度也在相位，两人德高望重，忠心耿耿，裴度辅佐唐宪宗，最终实现了"元和中兴"，被时人比作郭子仪。韦处厚酷嗜文学，笃好典籍，忠厚宽和，耿直无私，他历仕宪宗、穆宗、敬宗、文宗四朝，是一位很有经验的老臣。

果然，韦处厚和裴度为相后，开始革除前朝的弊端，文宗很想有所作为，他"励精求治，去奢从俭"，据《资治通鉴》所载，如："诏宫女非有执掌者皆出之，出三千余人。……省教坊、翰林、总监冗食千二百余员，停诸司新加衣粮。"《旧唐书·韦处厚》也载："处厚在相位，务在济时，不为身计，咸得其宜。"敬宗时每月视朝一二次，而文宗每逢单日就视朝，以至于群臣对他寄予很大希望，这就决定了他必然不能容忍宦官专政的局面。

朝廷的官员很快也做了变动，李续贬为涪州刺史，张又新贬为汀州刺史，李续、张又新为李逢吉之党，他们等人深受叔父李逢吉信任，时号"八关十六子"。

李德裕与李逢吉一向不和，裴度也与李逢吉不和，李续和张又新等人被贬，也在情理之中，何况李逢吉也早早被贬到下面出任地方节度使去了。

太和元年（827年）九月，元稹加检校礼部尚书，李德裕仍在浙西观察使任。第二年，朝廷下诏奖励，加封李德裕为银青光禄大夫，从三品，以表彰其在浙西的政绩。白居易与裴度有往来，他也由秘书监改为刑部侍郎。

十月，李逢吉由山南东道节度使改为宣武节度使，代令狐楚，而令狐楚入朝为户部尚书。

十二月，宰相韦处厚病逝，路随拜相。韦处厚突然病逝，让裴度手足无措，感觉孤立无援，原本大刀阔斧的改革计划也搁置了下来。文宗也想有所改革，但他始终在宦官控制之中，放不开手脚。

裴度虽为宰相，但已"年高多病"，且宦官等用事，无可作为，他就在力所能及的范围内，推举贤才，太和二年（828年）曾举荐刘禹锡等。

太和三年（829年）八月，在宰相裴度的大力推荐下，文宗皇帝下诏任命李德裕为兵部侍郎，进京赴任。其实，裴度打算的是，等李德裕进京赴任后，下一步推荐他为宰相。

李德裕接过圣旨，眼泪掉了下来，他在浙西待了八年，如今终于可以回家了。李德裕和妻子刘氏、妾徐盼商量，他先带着妻子刘氏和儿子李椅、李浑、李多闻回京城，徐盼留在娘家滑州。徐盼生的第一个儿子夭折了，好不容易又生了一个儿子李烨，李烨年幼，加上徐盼身体不太好，不宜远行。李德裕想等他们在京城安顿好后，再来接徐盼。

八月，李德裕来到京城赴任。宰相裴度设宴款待了李德裕，询问了李德裕的情况，两人彻夜长谈。裴度让他好好干，打算向文宗皇帝推荐他为宰相。

但计划没有变化快，在朝廷任吏部侍郎的李宗闵自文宗皇帝继位后就开始瞄准了宰相这个位子，韦处厚病逝，宰相位子一有空缺，李宗闵就开始运作了。

李宗闵交结了女学士宋若宪，宋若宪结识了朝廷不少达官贵人。宋若宪为初唐著名诗人宋之问裔孙宋庭芬之女。宋庭芬世为儒学。有五女，分别取名为宋若莘、宋若昭、宋若伦、宋若宪、宋若荀。五女都很聪明，宋庭芬亲自教她们学习经史和诗赋。五个女儿均能诗能文，不尚纷华之饰。宋若莘、宋若昭的文章尤其清丽淡雅。五姐妹志向远大，对父母表示：这辈子不嫁人，愿以学问使父母得以扬名。贞元四年（788 年），昭义节度使李抱真向德宗推荐宋氏五姐妹。德宗将她们召入宫内，试文章，并问经史大义，深为赞叹。自此，宋氏五姐妹留在皇宫，实际上成为德宗的侍妾。不过，德宗"高其风操，不以妾侍命之"，称呼她们为学士、先生，时称"五宋"。大姐宋若莘自贞元七年（791 年）以后，一直掌管着宫中记注、簿籍。她去世后，穆宗又令宋若昭接管，并拜宋若昭为尚宫。宋家五姐妹中，宋若昭最通晓人事，宪宗、穆宗、敬宗三帝都称她为先生，六宫嫔媛和诸王公主驸马也都以礼相待，十分尊重她。宋若昭去世后，敬宗又令宋若宪代管宫籍。宋若宪不但善文章，且有论议奏对之能，因此在敬宗后，又得文宗的重视。在宋若宪的引荐下，李宗闵结识了权势很大的宦官内枢密使杨承和。

从唐代宗起，设置内枢密使一职，专用宦官，掌管机密奏章，传达和宣读皇帝的诏书、圣旨，进而参与国政。枢密使虽无宰相之权，却权倾朝野，实权有时在宰相之上。在杨承和的运作之下，李宗闵抢先一步于这年的八月二十七日出任了宰相。

李宗闵害怕此时在朝廷任兵部侍郎的李德裕被皇帝重用而威

胁到自己的相位，因而，他极力排斥李德裕，想把他赶出朝廷。李宗闵已为李德裕挑选好了一个地方——滑州。这个地方在文宗皇帝继位不久时曾发生叛乱，又是前义成节度使、滑州刺史兵败之际，滑州"物力殚竭，资用凶荒"，又要面对河北强藩，滑州这个烂摊子已是没有官吏愿意去了，李宗闵想把这个烂摊子扔给李德裕。

九月十五日，朝廷以兵部侍郎李德裕为检校户部尚书，兼滑州刺史、义成军节度使。

李德裕在京城连一个月都没有待足，就被排挤出了朝廷，去滑州任职。李德裕离京赴滑州时，刘禹锡有诗送行，时刘禹锡在京任礼部郎中兼集贤殿学士。

李宗闵，字损之，是皇族郑王李元懿的后代。祖父李自仙，是楚州别驾。父亲李曾羽，曾任宗正卿，后调出宫廷任华州刺史、镇国军潼关防御等使臣。李曾羽的兄长李夷简，是宪宗元和年间的宰相。李宗闵于德宗贞元二十一年（805年）中进士，元和四年（809年）又考中贤良方正制科。起初，李宗闵与牛僧孺同年中进士，又与牛僧孺同年考中制科。两人政见一致，又同样曾遭到李德裕父亲的打击，因而很自然结成了朋党。直到李德裕父亲去世后，李宗闵才入朝为官。

李宗闵当了宰相，自然而然地在文宗皇帝面前大力推荐牛僧孺，说牛僧孺如何如何有才干，担任地方官吏屈才了，说牛僧孺为官正派，他不受贿赂，在当时很有好名，又当过宰相，是位难得的人才。在李宗闵的鼓动下，在第二年正月，文宗皇帝终于下诏将牛僧孺召回朝廷，代理兵部尚书，同平章事，与李宗闵一同出任了宰相。

两人臭味相投，结为朋党集团，大肆排斥异己，凡是与李德裕相友善的官员，一律被贬斥出朝廷。裴度和元稹也成了他们排斥的对象，同时李宗闵和牛僧孺不断扶植其亲党，如杨虞卿等。

李德裕到了滑州，安顿好妻子刘氏和儿子后，又回了趟润州，把妾徐盼和儿子李烨也接到了滑州。此时的徐盼已病重了，面黄肌瘦，李德裕看了心里很难受，请了郎中给徐盼看病，吃了不少草药也不见好，李德裕心里非常着急，但一时也没有更好的办法。

十一月的一个夜晚，徐盼病逝了，她才二十三岁，正是青春年华。这好似一道霹雳在李德裕的头上炸裂，他无法接受眼前的现实，想想自己又遭贬，他扑在徐盼的身上号啕大哭。

十二月，徐盼葬于洛阳邙山，李德裕亲自为自己心爱的女人写了墓志铭。从墓志铭中可以看出李德裕对徐盼的眷恋和不舍。

面对近在咫尺的宰相职位，转眼化成泡影，李德裕心里有点不甘。第一次遭到李逢吉的挟怨迁憎，含泪离开京城，在浙西一待就是八年。好不容易回到京城，眼看就要成为宰相，却被李宗闵抢了不说，还把他弄到滑州来收拾烂摊子，也不知道在滑州又要待几年。

这个烂摊子如何收拾？李宗闵将了李德裕一军，他们等着看他的笑话，滑州如果没有治理好，他们就会在皇帝面前说他的种种坏话，那样李德裕想要回到京城就没有机会了，一个小小滑州都治理不好，如何能治理一个国家？李德裕下定决心要把滑州治理好，不能让李宗闵、牛僧孺等人看他的笑话。

第七章

滑州施惠政

唐文宗太和三年（829 年）九月，李德裕离开京城长安到滑州上任。

滑州一带兵祸不断，水旱连连，田地荒芜，百姓流离失所，民生凋敝，财力耗尽，府库空虚，村落之间连鸡鸣、狗叫声都很难听到，一片凄凉破败的景象。

官场失意，心爱的女人又死了，突如其来的打击让李德裕一蹶不振，这事不管搁在谁的身上都是致命的打击。妻子刘氏也安慰他要重新振作起来。经过一段时间的调整，他化悲痛为力量，把全部的精力置于治理政务当中。他做事一贯雷厉风行又脚踏实地，他百折不挠永不言败的精神和一往无前的英雄气概，在他的一生之中都表现得十分鲜明，而且越是身处困境就越发显得激昂向上，这其实是他悲壮人生中一种积极向上的意志，就像是一团熊熊燃烧的火焰，经久不熄；也像是一条波浪翻滚的江河，奔腾不息。

到任之后，李德裕做了一番调查走访，决定像在浙西治理润州一样治理滑州。李德裕很快颁发官府命令，尽除以前的弊政，实行革新的政治举措：广泛深入宣传朝廷的休养生息、发展生产等政策；又亲自慰问百姓的疾苦，安定民心；推行法治，让官吏学习，遵照执行朝廷的典章制度；严明军纪，重申军法条款；对百姓推行文治教化，全部改变和废除了以往的陋俗和危害百姓的积弊。唐代贾𫤫《赞皇公李德裕德政碑》是这样记载的："至则究宣诏旨，躬问痛疾。俾人识皇泽，吏识朝典，军识法令，俗知教化。推心于万人之腹，下令于流水之源。怠则张而振之，弊则扫而更之。"

李德裕为人清廉公正，光明磊落，刚强正直，精力过人，学识渊博，文采斐然，精通吏治，处事果决。

他治军严明，奖罚信实。在军中设立军功账簿，对军队中修理兵器和征讨剿灭叛乱、匪徒、强盗及防守备战积累军功的，一一登记在册，论功行赏，从不徇私枉法，严格军纪制度，除去姑息迁就的积弊，因此，将士齐心。他以自身为表率，把法令、制度悬挂在墙上，时时警示，严格执行，循规守法，从不违反。因此，下属官吏也都敬畏而效法。他还注重杀一儆百，惩处一个典型的违纪者，以此警示大家，教育一片，从而实现了政治目标。

稳定了军队，整顿了官吏，之后李德裕便开始安抚百姓，发展生产，休养生息。为了让百姓能够生活和恢复生产，他下令免除百姓繁重的差役和赋税。

滑州气候湿润，雨量较充沛，是当时中原粮食生产核心区，素有"豫北粮仓"之称。自战乱之后，滑州一带的良田几乎全被控制、垄断在地方豪强的手中，成为他们的私家田产。

李德裕经过一段时间的调查走访，就以官府的名义颁布命令，把这些良田分给当地的农民进行耕种，最先分得田地的都是一些最贫穷的百姓，使他们有田地可以耕作生产，维持生活。

这项顺天安民的政策实施后，以前为躲避战乱而离乡的百姓又纷纷回来了。这一年，滑州一带农业丰收。百姓安居乐业，丰衣足食。这些都是李德裕良好的政策措施带给百姓的幸福生活。敢于抑制豪强、均田安民是李德裕政治生涯当中一个极富个性和创造性的政治举措。同时也体现了李德裕的政治智慧和不务虚名、追求实效的务实作风，这种务实作风始终贯穿于他的政治实践中。

随即，李德裕又开始着手实施文治教化政策。"其训俗也，举先孝悌，养先惸独。敬教劝学，驱而之善。俾干橹之乡，刚悍之俗，粲然有文以相接，欢然有恩以相爱。仁声感物，顺气成象。"按照唐代贾𫗧在《赞皇公李德裕德政碑》里的记载，李德裕开导当地的风俗，教化人们要敬爱长辈，孝敬父母，维系亲情，还要抚养照顾孤苦无依的老人和孩子。倡导兴办教育事业，鼓励人们要学有所成，达至民风和善，移风易俗，出现了一片升平的气象。

李德裕生性节俭，为部属率先垂范，不尚奢侈。家中从来没有供玩赏的奇珍异宝。巡视州郡的工作，只携带很少的人员跟随。道路两旁的人们从来没有见过他下乡时旌旗和幢盖开道，乘坐大轿招摇过市。日常办公和生活也不要下属送来的多余财物。减少宴会和游玩的开支，还把俸禄内的米谷拿出来补给军队开支。李德裕的行为令部下深为惊叹感动，从此他们不敢贪功冒赏，还相互转告说："从今以后，我们懂得做官与国家法令的关系了，我们哪里还敢贪功冒赏来愧对我们贤德的主帅呢？他是我们学习的榜样。"

一年之后，滑州一带的财力大为增强，粮食丰收，百姓富裕，安居乐业，商业也发展了起来，地方经济繁荣了。军队费用出现了富余，官吏的俸禄也得到了保障。李德裕卓越不凡的政治才能在滑州节度使任上仅仅一年就大见成效，而且从乱到治，政通人和，欣欣向荣，让人们领略了一代杰出政治家的卓越才能。

这一年秋天，义成一带国富民安，虽然政绩突出，李德裕却没有丝毫欢愉的心情。远谪滑州的他更加思念自己的家乡，于是有感而发，写下诗作《秋日登郡楼望赞皇山感而成咏》：

> 昔人怀井邑，为有挂冠期。
> 顾我飘蓬者，长随泛梗移。
> 越吟因病感，潘鬓入秋悲。
> 北指邯郸道，应无归去期。

通读全诗，虽多漂泊失意之叹，但仍然不乏对仕途的热切追求，表现出不做出一番事业就不返乡的进取精神。就诗而论，这首诗也是唐诗当中一流的好诗。如今重读，再想到当年李德裕的心情，让人不由得感慨万千。

唐文宗太和四年（830年）十月初七，朝廷征调李德裕为检校兵部尚书兼成都尹。那时南诏已入侵大唐，甚至非常猖狂地把成都抢劫一空。明眼人一看就明白，这是李宗闵故意安排的。滑州难不倒李德裕，这当然是政敌宰相李宗闵不愿看到的，于是李宗闵一纸文书，又把李德裕调到了兵荒马乱的西川，把更烂的摊子扔给了李德裕。

得知李德裕要离开滑州的消息，那些将校、官吏、差役和三郡百姓拦在道上悲伤地痛哭，执意不让李德裕离开。他们向朝廷申请，要为李德裕竖立一块德政碑，把他的丰功伟绩刻在石碑上，流芳百世。义成军节度使监军使等人将此事上表朝廷，文宗皇帝非常赞许，当即下诏让翰林学士贾餗负责撰写《赞皇公李德裕德政碑》，表彰李德裕的政绩，并要求把石碑竖立在四通八达的交通要道旁，使天下各道节使将帅和大臣看到，明白朝廷赏罚信实，对有卓著业绩的大臣实行丰厚的奖励，树此为典范，激励他人。

第八章

西川节度使

太和四年（830 年）秋，李德裕无奈离开滑州，到四川任职。李德裕出任的是成都尹、剑南西川节度使，兼任新繁县令，这也是李德裕第一次来四川。

当时西川在南诏入侵之后，民不聊生，而前任节度使杜元颖在唐敬宗时就常常迎合皇帝的心意来巩固宠幸的地位，收集奇珍异宝献给皇帝，派出寻宝的人在路上接连不断，各种工匠不停制造，苛捐杂税繁多，以致削减军饷来聚敛财物。军饷供给不及时，戍守边关的士兵饥寒交迫，边境防守松懈，依赖向蛮人征收财物来供应所需，因此人人叫苦，他们反而成为蛮人向内地侦察的助手。太和三年（829 年），南诏乘虚袭击戎、嶲等州，各个屯营一听说贼人来了就逃散，守边的士兵做向导，于是攻入成都。已经逼近城下，杜元颖还不知道，就率领左右人马据牙城防守。贼人大肆掠夺，焚烧外城，进城几天就把蜀中的奇珍异宝、能工巧匠、美貌女子全都抢走了，西川的老百姓害怕，纷纷跳江自杀，死亡人口不计其数。这对大唐来说是个奇耻大辱，杜元颖却无计可施，准备脱身逃跑，恰巧援兵来到便没能成功。杜元颖被贬为循州司马，接任的节度使郭钊与南诏签订盟约，不再相互侵犯干扰，和平共处。盟约不过是一张废纸而已，最主要的是西川一带战乱之后民生凋敝，无法收拾残局，郭钊感觉头都大了，为了自保，无奈之下就以因病难以理事，向朝廷申请派人替换他，李德裕只好临危受命。

李宗闵之所以要这么快将李德裕从义成节度使改任为西川节度使，乃是由于小小滑州根本困不住难不倒李德裕这样的英雄好汉。似乎是举手之间，不久前还藩镇割据战乱频仍、形势极为凶险的滑州局面就因他大有改观，变得风平浪静。这当然是政敌李宗闵无论如何也不愿看到的，于是李宗闵把李德裕调到了同样兵荒马乱的西川。

仔细想想，李宗闵之所以要将自己的这位政敌调任西川节度使，实际上与当年牛僧孺让他任浙西观察使一样，仍然是想让李德裕接手西川这样一个十分棘手的烂摊子，让蜀地的险山恶水困住这位人间的"蛟龙"。

西川是大唐帝国防御吐蕃和南诏的军事重镇，战略地位十分重要。也正因为如此，这里一直就像是座活火山、火药桶，随时都有火山爆发、火药爆炸的可能。所以，在一般人看来，西川节度使这个位子不仅是个苦差，而且是个"险差"，而李宗闵、牛僧孺却偏要把李德裕"照顾"到这个位子上来，是何居心，明眼人自然一看便知。

但是，惊涛骇浪虽然能阻挡住帆板渔船的出海，却挡不住舰舻巨舰的远航。牛党们原以为把李德裕排挤出长安，困在西川这片充满荆棘的土地上就可以泯灭他的政治热情，终结他的政治前途，但没想到李德裕在西川这片广阔天地里，"天高任鸟飞，海阔凭鱼跃"，反而大显身手，大有作为，这实在是大大出乎牛僧孺、李宗闵的预料。

说来也真是"智者千虑，必有一失"，以牛僧孺、李宗闵的精明，在这场"牛李党争"的政治博弈中，按说对西川的重要性应该能有一个深刻而又充分的认识。因为自古以来，西川在中原历代王朝的政治布局中，无论是政治上还是军事上都占有极为重要的分量，也是除京师之外颇为重要和引人注目的"政治舞台"。早在三国时期，诸葛亮在《隆中对》中就说西川是一片"天府之土"。安史之乱，中原残破，多亏有巴山蜀水为李唐王朝保留了一个还算安全而又富庶的后方。诚如名将高崇文所说，西川是"宰相回翔之地"。能出镇西川的，要么是宰相的潜在人选，要么是卸任的宰相。想当年，一代名相武元衡两次拜相中间那段时光，就是在西川度过的；而在长庆贡举舞弊案中愤然退场的段文昌辞去宰相后也把成都作为自己的"回翔之地"，避风港湾。既然这样，从牛党的角度来说，把李德裕贬到西川就实在是一个看似聪明其实是非常糊涂非常愚蠢的错误决策！

的确，牛党煞费苦心把李德裕贬到西川，想使李德裕"英雄无用武之地"，恰恰相反的是使李德裕这位英雄有了"用武之地"，在西川节度使的任上充分展现了他的出众才干。

李德裕赴西川节度使，十一月一日行经华山，有华岳题名。据清代毛凤枝《关中金石文字存逸考》卷九华阴县，载有《剑南西川节度使李德裕题名》："原石久逸，此系重模本。题名曰：剑南西川节度使、检校兵部尚书、成都尹兼御史大夫李德裕，判官、殿中侍御史、内供奉崔知白，观察支使兼监察御史张嗣庆，江西都团练判官、监察御史里行李商卿，太和四年十一月一日。"

此时的李宗闵、牛僧孺已权震天下，大力排斥异己。当年裴度曾提拔李宗闵，李宗闵不知感恩，反而鼓动皇帝罢免了裴度的宰相职务，将他调出了京城，任命为兴元节度使，牛、李所结成的朋党也牢不可破了。

李德裕到达西川后，着手整顿边防。李德裕认为南诏怀虎狼之心，随时都有可能侵犯西川。韦皋在蜀地二十一年，和南诏，拒吐蕃，史称其"数出师，凡破吐蕃四十八万，禽杀节度、都督、城主、笼官千五百，斩首五万余级，获牛羊二十五万，收器械六百三十万，其功烈为西南剧"。正是由于招抚交往，南诏对西川军备、地势、城防、交通了如指掌，而且由于和平共处，导致以后西川边防的将帅放松了警惕。杜元颖镇守西川时，腐败堕落，专意敛财，边境防守松懈，南诏人趁机入侵，抢掠成都。所以，必须扭转西川的战略思想，巩固国防，时刻加强战备，否则西川不稳固，仍有被南诏等外敌入侵的可能。

韦皋对南诏的招抚交往，那是当时的战略指导思想，意在稳定南诏，专力对付吐蕃。李德裕却全盘否定韦皋当时的战略，开始了建设边防、坚强军备的积极行动。

李德裕亲自深入边防部队，走访、请教那些长期驻守边疆的将士，即便是平民百姓的建议他也认真听取，用心体会。他用一个月的时间对当地的山川、城邑、道路、关隘进行调查研究，并绘制与南诏、吐蕃有关的军事地图。同时，他还命人在各边防要塞建立筹边楼，随时观察，及时警报敌情，使信息畅通，以便及时调集军队抗击入侵的敌人。

岁月悠悠，如今一千多年过去了，李德裕当年修建的薛城筹边楼还在，筹边楼可以说是李德裕在川的另一杰作。

李德裕所建筹边楼，始建于唐太和五年（831年），也就是说，新繁县令只算是李德裕的"开胃菜"，他的主要"胃口"，还是整个川西的军政事务。

薛城筹边楼，是川西平原难得保留的一处古代防务遗址。筹边楼为正方形二层重檐歇山式木结构建筑，通高18米。底楼为正方形。楼外建石栏杆一周，石栏杆、桩、条栏均为方形，柱顶为须弥座上托莲花瓣石珠。二楼四周板壁及顶部望板，皆彩绘各种人物故事图案，内容多为李德裕筹边故事，如商讨军事、演练兵士、视察山川地形等。筹边楼四周，山峦起伏，沟壑纵横，巍峨壮观。

当年，李德裕为什么要修建这个筹边楼呢？

晚唐时期，唐军与吐蕃军在边境战事频仍，打得难解难分，弄得双方都不安宁。李德裕既然扛上了剑南西川节度使的重担，他为了加强战备、激励士气、筹措边事，就在当地修建了筹边楼。

李德裕跟一般的边关大将不一样，他颇有战略眼光，并没把筹边楼纯粹作为军事要塞，作为死扛敌军的"钢锯岭"，而是将此楼当成一个交际场所，相当于我们前些年看到的富人会所。它的主要功能，就是与少数民族首领联络感情。戍边期间，李德裕不定期地请吐蕃头领来筹边楼会盟，请他们喝喝酒，聊聊天，比比武，这样慢慢改变了唐与吐蕃之间剑拔弩张的关系。

为了更好地巩固关防，李德裕加强兵力，训练士卒，修理兵器，使西川民心在南诏侵扰之后得以初步安定。

李德裕在整训军队的时候，发现西川一带工匠制作的兵器质量不行，外表华丽但不够锋利，盔甲笨重又不够精良坚固，在战场上不堪使用。于是，他专门聘请善于制作兵器和盔甲的匠人，还从浙西聘请了善于制作弓弩的良匠，让他们大批制作，替补军队中的粗劣兵器。经过李德裕的整治，西川一带军队的武器装备日渐精良。

这时，文宗皇帝下诏命令李德裕修缮边塞清溪关，目的是断绝南诏入境的进犯之路，皇帝下了死命令，如果没有土，就用石头垒砌起来。

李德裕上表说："西川和南诏、吐蕃等相通的小路很多，不可能完全堵塞，只有派遣精锐的军队镇守，方可保证平安无事。仅黎州、雅州以内可得一万人，成都可招募两万人，只要认真地加以训练，那么南诏和吐蕃就不敢轻举妄动。边防之兵又不应当太多，必须有能力统领和节制他们。"

当时因为南诏退兵讲和，朝廷派来增援的北方士兵都逐步撤回去了，只有河中、陈许的三千多名士兵还留在成都，当时他们也接到命令让他们明年三月也撤回去，西川一带的人们听说后都感到不安和害怕。

李德裕向朝廷奏请留下郑滑军五百人、陈许军一千人，继续镇守西川一带，他在奏折中说道："蜀兵脆弱，新为蛮寇所困，皆破胆，不堪征戍。若北兵尽归，则与杜元颖时无异，蜀不可保。恐议者云蜀经蛮寇以来，已自增兵，向者蛮寇已逼，元颖始募市人为兵，得三千余人，徒有其数，实不可用。郭钊募北兵仅得百余人，臣复招募得二百余人，此外皆元颖旧兵也。恐议者又闻一夫当关之说，以为清溪可塞，臣访之蜀中老将，清溪之旁，大路有三，自余小径无数，皆东蛮临时为之开通，若言可塞，则是欺罔朝廷。要须大度水北更筑一城，迤逦接黎州，以大兵守之方可。况闻南诏以所掠蜀人二千及金帛赂遗吐蕃，若使二虏知蜀虚实，连兵入寇，诚可深忧。其朝臣建言者，盖由祸不在身，望人责一状，留人堂案，他日败事，不可令臣独当国宪。"朝廷皆从其请。德裕乃练士卒、葺堡鄣、积粮储以备边，蜀人粗安。

李德裕在奏折中据理力争，这是他脚踏实地深入了解西川一带防备之后的经验总结。他顾忌的是朝廷那些不干事而又喜欢对别人指指点点的人，发表一些错误不合实际的言论，他在奏折中让他们立下文状，并且备案，如果议论错了，将来是要承担政治责任的。

那些乱发议论的官吏见李德裕这样说，纷纷闭上了嘴巴。朝廷见李德裕说得非常有道理，于是答应了他的请求。

在李德裕的军政方略下，唐太和五年（831年）五月，南诏主动放还了以前所掳掠的4000多僧道、工匠。是年九月，吐蕃维州守将悉怛谋还率部下到成都投降，李德裕大喜过望，立即上表朝廷，同时准备派兵入据其城。

维州南接江阳，岷山连绵向西，不知其边界在哪里。北望陇山，积雪如玉；东眺成都，如在井底；背倚孤峰，三面临江。这是西蜀控制吐蕃的要地。肃宗至德以后，河右、陇西被吐蕃攻占，仅维州尚存。吐蕃觉得维州险要，对它有利，将妇女嫁给此州守城门的人。二十年后，这个妇人所生二子长大成人。待到吐蕃军攻城，此二人做内应，维州因此失陷。吐蕃得到维州，称其为"无忧城"。德宗贞元年间，韦皋镇守蜀州，经管西山八国，用尽计谋仍无法夺回此州，直至这次悉怛谋派人致以归附诚意。李德裕怀疑有诈，派人送锦袍金带给他，假托说是听候皇帝决定，悉悉怛谋便带领全郡人众归附成都。李德裕这才派兵镇守维州，使沦丧四十年之久的维州城不费一兵一卒，又重归大唐版图。李德裕并就占据此州向朝廷陈述出兵攻打吐蕃的重要性。这时遭到牛僧孺反对，说是刚与吐蕃结盟，不宜毁约。于是朝廷诏令李德裕将悉怛谋统率的部从全部退回维州，吐蕃首领得到他们后，全都施以酷刑。李德裕只好重修邛崃关，将州治迁至台登城以抵御异族进犯。论维州事是李德裕与牛僧孺的第一次正面冲突，也影响太和后期李、牛两人的进退。历史上对于这一事件的评论，各有不同，褒贬不一。

李德裕还积极改善汶川到理县一带的粮草供应方式，在保证车夫马帮安全的同时，还提高了他们的薪酬，并组建了军民一体的"雄关子弟"，大致是从二百户人家选拔一人，组建了一支精锐部队，平时训练，形势宽缓就从事农业，形势危急就进行战斗。为增强蜀兵的战斗力，李德裕同时对蜀地旧军进行改造，驻在成都的团结营有 14000 人，李德裕简汰其中的老弱 4400 余人，以北兵和蜀兵混合编成的精锐部队共有 12000 人左右，编成十一军。同时又建筑城池来遏制吐蕃，修复关塞来夺取南蛮险要之地。每年从内地运输粮食分发各戍守士兵，边陲于是安定了。这样，川西很快改变了边疆卫戍格局，成功做到西拒吐蕃，南拒南诏。

数年之间，夜无犬惊，遭受创伤的民生略有恢复、充实。适逢监军王践言入朝主管枢密院，曾对文宗言及捆送悉怛谋使吐蕃首领快意称心，而断绝了对归降者的恩义，文宗颇为怨怪牛僧孺。

稳定了军队边防，安定了百姓生活，一向热心改革旧俗弊端、移风易俗的李德裕决定在西川也大刀阔斧地改革，民生问题始终是他关注的重点。

在当时，西川百姓因家庭贫困，多把女儿卖给他人做妾。李德裕力革此俗，明文规定："凡十三而上，执三年劳；下者，五岁；及期则归之父母。"由政府提供"就业"机会，使她们自食其力，不再依靠父母养活，从而摆脱为人妾的厄运。这一措施使贫家女子得以正常婚配，使更多的男子得以娶妻生子，这无疑为西川人口的增长创造了良好的条件。

唐代是佛教的鼎盛期，一般民众和士大夫普遍信佛，西川的佛教势力也很大，寺庙往往占有肥沃的田地，僧人不耕而食，而广大农民却缺田耕种。鉴于此，李德裕下令拆毁浮屠、私庐数千所，把土地分给老百姓。这一务实的举措不仅给了老百姓实实在在的好处，还增加了国家的赋税收入，堪称利国利民之举。李德裕西川毁佛，为唐武宗在会昌四年至会昌五年（844—845年）全国性的毁佛积累了经验。

据史载，在蜀先主刘备的祠堂旁，有猱村，"其民剔发若浮屠者，畜妻子自如，德裕下令禁止"。这些不伦不类的修行方法，显然与佛教的戒律背道而驰，李德裕下令禁止，于是，蜀风为之大变。

李德裕坐镇新繁不久，就命人开凿湖泊，引青白江之水入园，修建了一座大型园林。因园林选址在原县署之东，故称东湖。

明《蜀中广记》记载了一个颇带神秘色彩的故事："东湖，李德裕为宰日将开此湖。夜梦一老父曰：'某潜行其下，幸庇之。明府当富贵，今鼎来七九之年，当相见于万里外也。'明日于土中得蟆，径尺余，乃投之水，后德裕果致宰相，六十有三卒于朱崖，应其梦焉。"

如今，在新繁镇东湖公园可以看到，园内瑞莲池塘旁，有一栋高大的主体建筑，被称为"怀李堂"。怀李堂，是新繁人对曾在新繁任职的李德裕的一份深情回报。怀李堂始建于宋代，重建于清同治年间，平房青瓦，回廊拥挟，外朴内秀，深寓蜀人缅怀李德裕在川"镇危疆、保境安民"的历史功绩。

可能很少有人知道，李德裕在新繁修建的这座东湖园林，时间还早于大名鼎鼎的苏州园林。东湖园林面积35亩，水面面积就占了三分之一，经历代营建培修，现在凿湖垒成的山石，移步换景，气势幽然。园内，湖水如镜，时有鱼儿摆尾游弋，怡然自得。一排排虬枝盘结的小榕树叶子，在阳光的照射下闪烁出金色光斑，回映在水中，煞是好看。园内现有纪念明末清初一门四世六乡贤的"四费祠"和纪念唐李德裕、宋王益（王安石之父）、宋邑人梅挚的"三贤堂"遗址。

李德裕在新繁期间，还大力整顿当地祠庙，保存供奉前代名臣贤后的祠庙，他甚至将眼光放开，将成都、汶川、松潘一带上千座"淫祠"全部拆毁，同时拆毁1400多座私邑山房，以肃清盗贼，整饬治安，让百姓过上安安稳稳的日子。

这里，我们还必须提到一段史实：李德裕不仅喜欢喝茶，还应该是最早执行大唐茶马互市政令的在川官员。

今天的松潘古城北门，有两尊暗红色的塑像非常引人注目：一尊是门洞以北的文成公主和松赞干布塑像；另一尊是门洞以南的李德裕将军塑像。

松赞干布塑像上，藏族强人松赞干布，右手揽着美人，左手指向前方，也许是他在告诉文成公主长安就在远处，也许是在告诉文成公主那边就是人间仙境九寨沟……

塑像向人们述说着千余年前在此发生的促使文成公主入蕃和

亲的"唐蕃之战"：吐蕃首领松赞干布派使者前往长安求婚，路过松州，被州官徐齐扣押。松赞干布大怒，亲率大兵二十万入侵松州，都督韩威应敌失败，太宗命吏部尚书侯君集统军抵达松州，川主寺一战，松赞干布兵败回藏。不久，他遣使臣送黄金以求通婚和好，太宗晓以大义，遂将宗室文成公主嫁与松赞干布。松赞干布在位后期，他指定专人与大唐进行茶叶贸易。由于西藏茶叶需求量大增，西藏每年都以大量的优良马匹与内地互换茶叶。

也就是在那个时期，开创了中国历史上藏汉两族之间源远流长的茶马互市。作为呼应，唐朝这边也及时设立了互市监，专管茶马商业贸易。

这就涉及李德裕了。

当年，李德裕受命在川戍边。这位"壮压西川四十州"的剑南西川节度使，主政一方，经常往来成都、松潘等地巡视，并大力扶持康藏高原的茶马互市。唐太和六年（832年）初，李德裕还斥资修缮了从松潘到丹巴一带的茶马互市石板路，率先在康藏高原实行"贡马折银"新制，规定每匹马折银八两，每户征银八分，对茶叶改征"茶封税"，提高了康藏马帮、背夫的劳作待遇。

李德裕离川前，还专门设立了商务机构——茶马司，并在与吐蕃交界的各州地设立"市马"场所，使吐蕃用马、牛等畜产品和土特产来交换成都、雅安、邛崃、汶川的茶叶、丝绸、粮食、瓷器、皮革等物品。

李德裕任剑南西川节度使的三年间，唐军与吐蕃等少数民族在西川相安无事，这在当时是很不容易的。

李德裕担任剑南西川节度使期间，他以世人罕有的识见与魄力，竭力消除边患，开发建设西南地区，使人民得以安居乐业。

这对巩固中央政权、恢复与发展西川的社会经济起了重要的作用，其功绩一直为后人称道。

从李德裕在西川几年的表现来看，他具有高度的责任感，以社稷苍生为重，是爱民如子的好官。他目光远大，识在人先，不拘于眼前利益，着眼于社稷江山的稳固。而后期唐王朝缺少的正是像他这样有非凡政治、军事才能、勇于创新的栋梁之材。同时，他为巩固边防、消除边患而采取的一系列措施，不仅对西川人民有利，也有利于大唐政权的稳固。可以说，在唐代历任剑南西川节度使中，他算得上是首屈一指的人物。

李德裕治蜀的功绩得到了人们的高度评价。张次宗在《请立前节度使李德裕政碑文状》中称他"自授任坤方，镇安全蜀，亭戍多警，灾害相仍。外有定戎之功，则城栅相望；内有缮完之备，则器甲维新。强寇将罢其东渔，邻敌自止其南牧。况令行属郡，威肃连营。来暮之谣，已章于昔岁；去思之美，无谢于古人。今合境同词，诸郡献状"。《旧唐书》卷一百七十四《李德裕传》亦云："德裕所历征镇，以政绩闻。其在蜀也，西拒吐蕃，南平蛮、蜑。数年之内，夜犬不惊，疮痏之民，粗以完复。"一千多年来，蜀中人民并没有忘记他的功德。他修建的筹边楼的遗迹至今仍保存着，东湖公园仍耸立着怀李堂和李卫公遗像碑。他对西川政治、经济、军事等方面的贡献将永载史册，蜀中人民将永远怀念他！

第九章

担任宰相

维州事件后，大臣们私下议论纷纷，都说牛僧孺与李德裕之间有私怨，牛僧孺故意唱反调进言是假公济私，嫉妒李德裕建功立业。这些话也传到了文宗皇帝的耳朵里，文宗偏听了牛僧孺当时的失策进言，事实证明牛僧孺的进言是错误的，文宗后悔不已，想重用李德裕，因为他在西川主持军政，成绩突出。文宗下定决心要重用李德裕，慢慢就对牛僧孺疏远了。

文宗皇帝也意识到当初他继位时，李宗闵在宦官的帮助下成为宰相，李宗闵又引荐牛僧孺共掌朝政，在李宗闵和牛僧孺的操作下，排斥李德裕及裴度、李绅、元稹等人，同时又引用杨虞卿、张元夫、萧瀚、李汉等人。朝中几乎一半为李宗闵和牛僧孺之党。自维州事件后，文宗知道了真相，心里愧疚，就有提拔李德裕的打算了。

牛僧孺觉察到了文宗皇帝的态度变化，内心感觉不安。适逢文宗到延英殿议事，对几位宰相说道："天下何时能够太平，你们也在为此事谋划吗？"

牛僧孺回答道："目前虽称不上有太平的迹象，但现在四周的外敌没有前来侵犯，黎民百姓不至于离散流亡，虽然不是极盛的治世，也可以说是小康了。皇上如果想谋求天下太平盛世，恐怕不是我们这些人的能力能办到的了。"退下去后，牛僧孺对其他几位宰相说："皇上今天这样责备抱怨，我们怎么还能久居宰相之位呢？"于是牛僧孺接连上表，请求辞职。

唐文宗太和六年（832年）十二月，朝廷任命牛僧孺以同平章事之职位，出任淮南节度使，罢免了他的宰相职务。

同年十二月十七日，朝廷任命李德裕为兵部尚书。李德裕从西川调回到了朝廷，担任兵部尚书，而且唐文宗对李德裕非常器重，大有要提拔他做宰相的打算。

这时在朝廷做宰相的李宗闵心中十分忌恨，千方百计地阻挠，却始终无能为力。京兆尹杜悰是李宗闵的同党，他见李宗闵面有忧色，一下就猜中了李宗闵的心思，说道："李相国忧虑，一定是为朝廷刚任命了李德裕为兵部尚书这事吧？"李宗闵叹了一口气说："正是，你说我怎么才能挽回这个局面？"杜悰说道："我杜悰有一计策，可以消除旧恨，就看你用不用。"李宗闵着急地说："什么计策？快快请讲！"杜悰说："李德裕有文学才能，但不是科举出身，常常对科举有怨言，如果让他掌管朝廷的科举，他一定会很高兴接受这个职务。科举制度一直是我朝选拔人才的主要渠道，如果他接受这个职务，一定会改革科举制度，这样他一定就会遭到人们的非议和皇帝的怨言，这样他就干不长久。"李宗闵沉默了半天，叹了一口气说："再想一个更好的办法吧。"杜悰想了想说："要不就任用他为御史大夫吧？"李宗闵点了点头说：

"我看可以，让他去得罪百官吧。"

李宗闵和杜悰再三商议之后，才让杜悰来找李德裕。李德裕心里非常惊讶，没想到京兆尹杜悰会来拜访他，一面作揖说："你们为何来我这个寒舍？"一面吩咐妻子给他上茶。杜悰说："宰相李宗闵让我来转达一件事。"于是就把李宗闵有意推荐李德裕出任御史大夫的事转告他。李德裕听罢，惊喜泣下，说道："御史大夫是大门官，我怎能担当此重任呢！"并再三请杜悰转达他对李宗闵的谢意。

按照唐朝的官职，御史大夫是从三品（会昌二年，御史大夫升正三品），负责监察百官，代表皇帝接受百官奏事，管理国家重要图册、典籍，代朝廷起草诏命文书等。每当大朝会时，御史大夫就带着他的部下站在宫门外的两边，为朝廷整顿百官列队的次序，故称御史大夫为"大门官"。兵部尚书是正三品，统管全国军事的行政长官，负责武官的任免和考核、地图的保存及车马、甲械等政令。御史大夫虽然比兵部尚书级别低一点，但在朝廷中的实权及影响力又超过兵部尚书。

后来，李宗闵与给事中杨虞卿商议过提拔李德裕为御史大夫的事，然而此事因种种原因并没有办成。

第二年二月二十八日，朝廷任命李德裕为宰相，晋封为赞皇伯，食邑七百户。这一年，李德裕四十七岁。

京城一直干旱，李德裕拜相这天，天降瓢泼大雨。枢密使说："喜降大雨，老天爷在相公李德裕名下讹了一字，叫李德雨。"有人说京师久旱是因朝中有奸臣，如今天降大雨，说明忠臣降临了。当然这只是一种巧合而已。

李德裕进入朝廷担任宰相，文宗皇帝进行了一次民意考察，征询大臣们的意见，大家对李德裕的评价都很高。当时担任盐铁使的老臣王涯，如今也升为宰相，他说道："忠臣良将都很高兴，一些奸诈小人会感到害怕！"接着语气坚定地说："他们一定会感到害怕的！"王涯博学工文，雅好典籍和书画。《旧唐书》记载他"前代法书名画，人所保惜者，以厚货致之；不受货者，即以官爵致之"。元和年间，王涯也曾担任三年宰相，当时的诏令，多出自他的手笔。

李德裕被任命宰相后，按照惯例入朝向皇帝拜谢。文宗皇帝和他谈起了朝廷里拉帮结派之事，当时在朝廷担任要职的给事中杨虞卿与他的堂兄中书舍人杨汝士、弟弟户部郎中杨汉公、中书舍人张元夫、给事中肖浣等人拉帮结派，依附权贵，对上干预国家朝政，对下扰乱国家司法，为一些人求官和科举及第行舞弊不法之事。唐文宗听到这些说法后怨恨他们，所以在和李德裕谈话时首先提到了他们。文宗皇帝说道："人们都说杨虞卿、张元夫、肖浣是这些朋党的首领。"李德裕认为朝臣中朋党太多，情况相当严重，必须破之，而破朋党必须"用中立无私者"。李德裕回答说："当今朝廷之中大概三分之一的人都是朋党。皇上如果能提拔一些中正无私的大臣，那么，朋党为恶的团伙就能土崩瓦解了。"李德裕于是申请把他们都贬出京城为地方刺史，文宗皇帝也正有此意，立即表示同意。

不久，朝廷发布诏令，任命杨虞卿为常州刺史，张元夫为汝州刺史。

几天后，文宗皇帝再一次与朝臣谈起了朋党问题，文宗皇帝故意问李德裕："你知道朝廷有朋党吗？"皇帝这话是说给李宗闵听的。同为宰相的李宗闵怕皇帝责怪，连忙辩解说："德裕常年在外做官，他所知道的朋党不如我知道得多，对朋党我很了解，所以没有给予杨虞卿等人重要官职。"李德裕严肃地说："给事中是正五品官阶，负责朝廷的文书审核处理；中书舍人也是正五品官阶，负责皇帝诏敕起草。这不是重要的官职又是什么？"李宗闵无言以对，脸色一下变了，心里非常恨李德裕不给他台阶下。

不久，朝廷把肖浣也贬出京城，到郑州任郑州刺史。接着，李宗闵之党的杨汝士、杨汉公、萧瀚等人也纷纷被贬，离开了京城。同时李德裕也提拔和引荐了一批人才，如李回，史称其强干有吏才，遇事通敏，登朝为左补阙、起居郎，尤为李德裕所知。又引荐沈传师为吏部侍郎，杜牧曾在诗中称赞沈传师洁身自好，拒绝权贵的请托。沈传师与李德裕也曾在翰林院，相交比较好，也有诗唱和。还举荐韦厚为礼部员外郎，举荐王质为谏议大夫。李德裕的父亲当年当宰相时就非常器重王质，李德裕因其质"清廉方雅，为政有声"，因而荐拔，王质并不因此而阿附李德裕，李德裕也仍对他信任不疑。

李宗闵身边的人接连被贬，李德裕又连续举荐了一批自己人，李宗闵惶恐不安，但他又没有更好的办法，只能干着急。这年六月，朝廷任命工部尚书郑覃为御史大夫。郑覃对李德裕一直很友善，两人关系也不错，所以李宗闵就不喜欢郑覃。当初，李宗闵以郑覃在皇宫之中多次议论政事，奏请罢免郑覃翰林侍讲学士的职位，文宗皇帝没有同意，李宗闵说："郑覃、殷侑的经学之术确实可嘉，但他们所发表的朝政议论却十分荒谬，不值得一听。"李德裕说道："郑覃、殷侑的议论别人是不想听，只有皇上想听！"李宗闵哑然无言。十天之后，文宗皇帝直接下诏任用郑覃为御史大夫。

李宗闵得知后，就去找枢密使杨承和、崔潭峻。李宗闵说："一些事情都由皇帝自己来直接宣布，那还要朝廷中书省干什么？"崔潭峻说："文宗皇帝做了八年的天子，我们听从他自己决定事情也是可以的。"李宗闵听罢，面色沮丧，不再争辩，黯然走开了。李宗闵心里明白，文宗皇帝现在也在防着宦官，他们也不想引火烧身。

这个善于耍弄手腕的权臣，多次在皇帝面前与李德裕直接交锋落败，垂头丧气之际，感觉自己执掌相印的末日临近了，自己身边的人一个个被赶出京城，自己宰相的位子已无法坐稳了。这年六月，李宗闵终于也被贬离了京城，出任兴元尹、山南西道节度使。

李宗闵离开京城，朝廷又任命李德裕代为中书侍郎、集贤殿大学士。李德裕终于在朝廷中站稳了脚跟，接着他就开始革新朝政。

大胆革新，尽除积弊，刚正无畏，雷厉风行，正气凛然，百折不挠，矢志不渝，廉洁公正，心系百姓，这些都是李德裕身上极为鲜明的个性。

李德裕执掌朝政之后，首先对宰相办公的政事堂接见制度进行了革新。李宗闵为宰相时，他的亲朋好友经常出入政事堂，有一次，太子太傅李听还召集了一帮同李宗闵关系好的人，他们拿了酒菜在宰相府痛饮了一场，全都喝得酩酊大醉。对此，李德裕让御史台在中书省衙门口张贴文告："凡是朝廷有公事见宰相的，先投名帖通报，然后按序接见，不得擅自进入；朝臣退朝之后，全部从龙尾道离开，不得随意进入中书省衙门的兴利门。"李德裕还免去了护卫宰相安全上朝议政的卫兵。

以前，门下省、中书省两个衙门的堂厨开支，是官府公款交给江淮一些大商人去经营，取其利息。这些商人也因此冒借门下省、中书省的名头，所经过的州县郡镇都被地方官府待为座上宾。这些商人也因拿着朝廷颁发的文牒自命不凡，不可一世，趁机再做些其他生意，大发横财。李德裕上任后，对这些积弊进行了废除。

李德裕多次向唐文宗进言说："朝廷唯邪正二途，正必去邪，邪必害正。然其辞皆若可听，愿审所取舍。不然，二者并进，虽圣贤经营，无由成功。"

李德裕的这个见解非常精辟，这一邪不容正、正不容邪的观点，也表明了自己与李宗闵这类人物势不两立。

李德裕熟读历史，对历史也颇有研究。唐太宗李世民在玄武门埋下伏兵，刺杀了太子哥哥李建成、弟弟李元吉，逼迫父亲唐高祖李渊传位，随后又下令处死李建成、李元吉的众多儿子们。唐玄宗平定韦后之乱后，从此疑忌宗室，不让他们走出家门居官。纵观历史，春秋时，齐桓公登基后派兵攻打收留兄弟公子纠的鲁国，他给鲁国的议和条件是这样说的："子纠兄弟，弗忍诛，请鲁自杀之。"也就是使用武力逼迫他国杀死自己的兄弟。秦二世胡亥篡改秦始皇遗诏赐死众人拥戴的长兄扶苏，正式称帝后，陆续处死了所有的兄弟，对姐姐妹妹也不放过，史载："十公主戮死于杜。"曹操长子曹丕称帝，想寻由头杀弟弟曹植，于是说："父亲在世时总说你聪明，那今天我限你七步之内作诗一首，如作不出，就治你欺君死罪！"于是有了著名的七步诗："煮豆燃豆萁，豆在釜中泣。本是同根生，相煎何太急？"曹丕当时放过了曹植，后来曹植还是因终日忧惧而英年早逝了。隋朝，隋炀帝杨广弑父夺位后，伪造隋文帝遗诏，赐死亲哥哥杨勇。

唐玄宗不让宗室走出家门居官，就是怕以上的事件发生在自己身上。这一规定一直持续到文宗朝。安禄山叛乱，把聚集在皇宫里的宗室全部杀了，李德裕为大唐社稷考虑，担忧朝廷万一再发生叛乱，皇宫里边的宗室又会被一锅端，他认为皇宫里边的宗室还是出门做官好，于是李德裕又向唐文宗进言说："昔玄宗以临淄王定内难，自是疑忌宗室，不令出阁。天下议皆以为幽闭骨肉，亏伤人伦。向使天宝之末、建中之初，宗室散处方州，虽未能安定王室，尚可各其生。所以悉为安禄山、朱泚所鱼肉者，由聚于一宫故也。陛下诚因册太子，制书听宗室年高属疏者出阁，且除诸州上佐，使携其男女出外婚嫁。此则百年弊法，一旦因陛下去之，海内孰不欣悦！"

唐文宗说："兹事朕久知其不可，方今诸王岂无贤才，无所施耳！"

八月庚寅，册命太子大典开始举行，唐文宗就借机下诏给各位皇室的宗亲：从今天开始，朝廷将要选择皇室宗亲调出京城，任命为重要州郡的刺史和高级的辅佐官员。

后来，因为朝廷分授各宗亲人员的官职议论不绝，加上宗亲们舍不得孩子远走，李德裕这个建议，最后也没能得到实行。

宣武节度使杨无卿有疾，朝廷商议除代，李德裕请将刘从谏由泽潞徙宣武，目的是使其势力范围缩小，减少对朝廷的威胁。

泽潞藩镇是刘悟、刘从谏父子苦心经营的地盘，是他们的天下，在这里一切都是他们说了算，他们藐视朝廷，根本不听从朝廷的命令与调遣。刘悟的祖父刘正臣曾经是平卢军节度使，在藩镇间的混战中被杀。刘悟自少年时出入战阵，因作战勇敢，被其叔父、宣武节度使刘全谅署为牙将。后因盗用刘全谅所藏钱数百万，被朝廷通缉，畏罪逃往河南。又因与泼皮恶少结伙横行地方，惹下人命官司蹲过大狱，后来投奔淄青节度使李师古、李师道兄弟。在一次马球游戏中，刘悟不小心撞倒了李师古的坐骑，李师古大怒，下令把他斩首示众。刘悟非但不怕，反而以更加强硬的语言顶撞李师古，引起李师古的好奇，因为从没有人敢顶撞自己，刘悟是第一人。李师古欣赏他的胆量，于是将他免罪且命他统率后军，并把自己的妹妹嫁给他，又上表请朝廷任命刘悟为淄青节度都知兵马使。

元和末年的冬天，朝廷平定了淮西吴元济的叛乱，朝廷想秋后算账，斩草除根，跟吴元济有交情的人都要抓起来，李师道曾经出兵救援过吴元济，朝廷遂下诏讨伐诛杀李师道。朝廷诛杀李师道还有另外一个原因，当年大唐宰相武元衡在上朝途中遭遇刺客袭击，不幸身亡。同时上朝的副相裴度亦被攻击，被仆人拼死护住，才侥幸躲过一劫，但也身受重伤。后来案件告破，犯罪嫌疑人被锁定为成德节度使王承宗，以及平卢淄青节度使李师道。其中，李师道的嫌疑更为重大。如今的李师道已形成一个雄踞十五州、拥兵十万的强大藩镇，成为朝廷的心腹大患。

刘悟奉李师道之命阻击官军，被怀疑故意逗留不战，李师道派使者赴军前杀刘悟。刘悟得知消息后对众部将说："吾等前有魏博大军，出战必败，不出亦难脱李师道之手。与其束手待毙，不如反戈一击，立大功，取富贵，不知诸位意下如何？"唯恐天下不乱的骄兵悍将把每一次兵变都当成立功受赏、抢劫致富的好机会，如今机会又来了，岂有不从之理，于是齐声赞同道："唯将军之命是从！"于是刘悟杀死来使，宣布命令说："攻下郓州，每人赏钱十万，有仇复仇，有怨报怨，城中财富，除留作军需部分，放抢三天！"

刘悟发动兵变后，率领部下很快攻占郓阳，杀死节度使李师道及其亲戚、将领多人，并斩其首级献给朝廷。朝廷念刘悟有功，任命他为义成军节度使，封彭城郡王，赏钱两万贯，庄、宅各一区。长庆元年（821 年），刘悟改昭义军节度使，治邢州。当时朝廷派来宦官刘承偕在刘悟军中任监军，刘承偕倚仗自己是皇太后的养子，纵容其属下横行不法，多次当众羞辱刘悟，唆使刘悟部将张问取而代之，使刘悟忍无可忍，起兵囚禁刘承偕。穆宗曾下诏命刘悟送还刘承偕于朝廷，被刘悟借故拒绝，直至穆宗诏令流放刘承偕，刘悟才遵诏放人。这场由刘悟指挥的兵变历时月余才最终平息下去。

从此以后，刘悟野心膨胀，要效法河北三镇率先起兵，脱离朝廷的控制，所上表章中多有不逊之语。各地负罪亡命之徒，各藩镇"销兵"中被裁减的士卒，纷纷投奔刘悟，而刘悟则一概接纳，趁机招兵买马，扩充自己的势力。宝历元年（825 年）八月，刘悟去世。他的儿子刘从谏直到十一月才向朝廷上刘悟遗表，请求由刘从谏继任昭义军节度使职务，同时不惜重金贿赂朝中权贵和宦官。朝中大臣在讨论处置办法时，时任宰相李绛等人认为泽潞藩镇地接关中腹地，与河北藩镇不同，朝廷不能轻易允许开内地藩镇节度使职务父死子继的先例。但是，宰相李逢吉、宦官王守澄，因接受了刘从谏的贿赂，几番为之游说、奏请。终于，刘从谏如愿以偿，被任命为节度使。

文宗时，刘从谏几次入朝，见朝中党争激烈，事权不专，遂有轻朝廷之心。刘从谏与宰相王涯等关系密切，但他又脱离朝廷的控制，李德裕担心狂妄的刘从谏一旦与山东联手发动兵变，后果不堪设想。所以李德裕就想从泽潞着手，采取积极有为的政策，这与牛党的懦弱之举完全不同，但终因文宗皇帝的优柔寡断，未能实行。

这时，文宗皇帝发现朝廷中的文士，包括进士及第的一些朝臣专务诗赋，经术文章颇为荒疏，深以为患。李德裕就向皇帝进言，请求按照先朝宰相杨绾曾提出的建议，改革现行的科举制度，使科举考试的进士科注重考试文章议论，停诗歌赋。

杨绾于肃宗时曾上疏论贡举之弊，所论的中心内容有二：一是停明经、进士第科，恢复汉时的乡举里选；二是停试诗赋、帖经，策问经义。关于停进士、实行乡举里选，当时贾至就认为行不通。现在李德裕加以变通，并不停止进士科，而是加以改进。他所谓试经术，是使应举之士关心当世要务，以求改革。进士试只讲究文辞的华美，不仅杨绾指出其弊病，与李德裕同时代的舒元舆也曾提出过这个问题。李德裕反对进士科中仅仅考试诗赋，而并不全盘否定进士科，这点是与杨绾不同的。这一主张，与他认为应当使宗室出任外州上佐，不应坐食租赋，都是从改革实际出发的。

这一年正月，李德裕作《请罢呈榜奏》云："旧例进士未放榜前，礼部侍郎偏到宰相私第，先呈及第人名，谓之呈榜，比闻多有改换，颇致流言。宰相稍有寄情，有司固无畏忌，取士之滥，莫不由斯。将务责成，在于不挠，既无取舍，岂必预知？臣等商量，今年便任有司放榜，更不得先呈臣等。仍向后便为定例，如有固违，御史纠举。"由此可知，李德裕确实并非主张废止进士试，而是在可能的范围之内革除进士试中出现的弊病。礼部侍郎决定录取的名额后，在放榜以前要到宰相私第呈榜，其间"多有改换"，这是一个很大的流弊，而李德裕提出放榜前不要给宰相呈榜，在此之前似乎还没有人提出过。身为宰相的李德裕，提出废止这种旧例，实际上是限制包括自己在内的宰相的一种特权，这在当时来说是难能可贵的，这与李宗闵、杨虞卿等人利用科举考试的弊端以受贿纳财、结党拉派，形成鲜明对比。

徐松《登科记考》载，本年登第进士多是贫穷人家的孩子，故无名氏作诗云："乞儿还有大通年，三十三人碗杖全。薛庶准前骑瘦马，范鄩依旧盖番毡。"此处"三十三"当为"三十六"之误，是年进士登第者为三十六人。无名氏之诗虽出于讥嘲，但也可见李德裕当宰相时寒士登科情况。

这一年的十二月，唐文宗突然得了中风病，不能言语达一个多月。

李德裕还在年内主持修撰《大和辨谤略》三卷，书成奏上，并为作序。第二年又撰写了《御臣要略》及《次柳氏旧闻》。刘禹锡也编订了与李德裕的唱和诗，题为《吴蜀集》。

唐文宗太和八年（834 年）正月十六，文宗皇帝强撑着身体在紫宸殿召见了朝廷百官。退朝后，宰相给皇帝问安，文宗皇帝感叹偌大一个大唐竟然没有一个良医，宫里的太医没有一个能看好他的病，都是一群废物。于是，宦官王守澄向皇帝推荐昭义行军司马郑注，说他擅长医道，得到扁鹊、张仲景、华佗等人真传。

唐文宗生气地说："他能看病？当年我想杀他，没想到他跑得挺快。"

唐文宗对郑注十分憎恨，那是因为一段往事。

郑注是绛州翼城人，本姓鱼，冒姓郑氏，时称"鱼郑"，人称

"水族"。出身贫寒，相貌丑陋，不能远视，为人诡谲狡险，处世微贱，任官以前，靠医术维生，流浪于江湖。

元和十三年（818年），郑注到了襄阳。当时襄阳节度使李愬患有痿病，郑注使用偏方，为李愬"煮黄金，服一刀圭"，歪打正着，李愬服用偏方后，十分见效。李愬非常欣赏他，因而厚遇之，让他做节度衙推。后李愬移镇徐州，郑注也随同前往，又任以职事，凡军政之事，李愬都让他参与。郑注夸夸其谈，大话连篇，李愬认为他很有才干，"与愬筹谋，未尝不中其意"。郑注因医术受到李愬的重用，故招致了一些人的非议，有人说他"专作威福"。

当时宦官王守澄为徐州监军，闻知此事后也怨恨郑注，便告诉李愬，欲除掉他。李愬说郑注是奇才，天下难得。李愬即令郑注拜见王守澄。起初，王守澄还有些勉强，可是一与郑注交谈后，见他"机辩纵横"，所说很符合心意，于是马上把他请入内室，促膝交谈，那真是相见恨晚。第二天，王守澄即对李愬说："确实如您所言，真是奇才啊。"从此，郑注经常出入王守澄门下，关系很融洽。李愬又署他为巡官，得以列于宾席之中。

元和十五年（820年），王守澄调任内职，郑注也随之到了京师。不久，王守澄与陈弘志等宦官杀宪宗，擅立李恒为帝，即穆宗。郑注依靠王守澄的权势，交结朝臣，"数年之后，达僚权臣，争凑其门"。后来，他又在山东、京西诸军做幕僚，历任卫佐、评事、御史，又检校库部郎中，为昭义节度副使。

唐文宗即位后，一心想铲除宦官势力，夺回政权。太和五年（831年），唐文宗与宰相宋申锡谋剪宦官势力，打算铲除对皇帝威胁最大的宦官。京兆尹王璠将密谋泄露给郑注，当时宋申锡接受了杀郑注的密诏。郑注因此逃脱，王守澄也因此获悉此谋。王守澄即令军吏豆卢著诬告宋申锡与漳王谋反。唐文宗信以为真，下令王守澄捉拿宋申锡和漳王。后来宋申锡冤死在被贬之地。

由此，唐文宗非常讨厌郑注。王守澄似乎看透了皇帝的心思，说道："我知道皇上憎恨他，恨不得乱棍打死他。我把他请来给皇上看病，如果看不好皇上的病，皇上再处死他不迟。"

唐文宗点了点头，说："好吧。看不好朕的病，朕就赐他一杯毒酒！"

太和八年（834年）九月，唐文宗于浴堂门召见郑注，郑注总结了自己治病的经验，奏上《药方》一卷。文宗还咨询富国之术，郑注建议恢复榷茶政策。榷茶是一种征收茶税、管制茶叶生产、取得专利的措施，其方法是以"江湖百姓茶园，官自造作，量给直分，命使者主之"。当时饮茶之风盛行，茶叶生产有很大的发展，郑注建议通过榷茶以增加朝廷的财政收入。文宗采纳了他的建议，以宰相王涯兼榷茶使，并赐给郑注锦彩若干。

唐文宗服了郑注调制的药剂，很见效，于是，郑注得到了唐文宗的宠幸。

郑注与宦官的勾结，引起朝中一些较为正直的官吏愤慨和不满。太和八年六月，久旱。"司门员外郎李中敏上表，以为：'仍岁大旱，非圣德不至，直以申锡之冤滥，郑注之奸邪。今致雨之方，莫若斩注而雪申锡。'"（《资治通鉴》）李中敏这次上表与去年李款伏阁奏弹同样结果，由此也可看出郑注在一般士大夫心目中，是一个依附宦官以求进的奸邪小人。

这时，郑注向宦官王守澄推荐了李训，说他是个奇人奇才，善讲《周易》。

　　李训出身于陇西李氏，他的从父就是李逢吉，李训年轻时就考中进士，补任太学助教，后被辟为河阳节度使幕僚。他形貌魁梧，善于辩论，但好说大话，自以为是。阴险善谋，深受叔父李逢吉信任，与张又新、李续等人并称"八关十六子"。宝历元年（825年），石州刺史武昭罢为袁王府长史，并对宰相产生怨恨之情。当时，宰相李程与李逢吉不和，李程族人李仍叔故意激怒武昭，称李程曾欲授其官职，但被李逢吉所阻。武昭醉后，向左金吾兵曹茅汇狂言，称要刺杀李逢吉，结果被人告发。李训便胁迫曹茅汇，诬陷李程与武昭合谋，曹茅汇不肯。不久，武昭被杖杀，李训也被流放象州。宝历二年（826年），唐文宗继位，大赦天下。李训遇赦北归，后因母亲去世，留居东都洛阳。当时，郑注得到大宦官王守澄的宠遇，李训叹息道："当权者尽皆龌龊，我听说郑注重视士人，又有宦官相助，可以共事。"他便前去求见郑注，二人相处甚欢。当时李逢吉正任东都留守，怏怏不乐，企图重新掌权，知道李训与郑注关系好，李逢吉将价值数百万的金帛珠宝交付李训，让他送厚礼结交郑注，希望能帮助自己再次成为宰相。郑注大喜，将李训引荐给王守澄。

　　王守澄和李训一见如故，他便以李训善讲《周易》为由，将他引荐给唐文宗。当时，李训正在服丧，便改换民服，号称王山人，与王守澄进入禁中。李训身材魁梧，性格豪放不羁，崇尚义气，擅长文学。唐文宗见到李训非常高兴，李训有诡辩之才，慷慨激昂，言语中听，又善于察言观色，揣摩皇帝的心思，加上他是儒士，精通诸子百家，又出身于天下有名望的家族，因此受到赏识提拔，唐文宗认为他志向不小，是个难得的人才。

　　李训服完母孝之后，这年的八月间，唐文宗想任命李训为谏官，安排在翰林院。李德裕向唐文宗进言说："李训以前的所作所为，估计皇上也知道吧？像他这种阴险小人怎能安排在皇上的身边，作为侍奉的近臣呢？"

唐文宗说："人无完人，只要他改过自新，依然可以重用。"

李德裕说："我听说过自古以来只有孔子的学生颜回犯过的错误不再重犯，他的过错那是属于圣贤的过失，只是由于考虑得不周密，偶尔偏离中庸之道罢了。至于李训这种人，怎能跟颜回相提并论，他的罪恶已根植于他的内心，甚至到骨子里去了，他怎么能悔过自新呢？"

唐文宗已被李训巧言迷惑，听不进李德裕的忠告，他说道："李训是前朝宰相李逢吉推荐的，我已答应，不想背弃诺言。"

李德裕毫不客气地说："李逢吉曾身为国家的宰相，却举荐邪恶的小人来祸害国家，扰乱朝廷，也是一个有罪的人。魏徵因直言进谏，辅佐唐太宗共同创建'贞观之治'的大业，微臣也希望皇上记住这句话：'夫以铜为镜，可以正衣冠；以史为镜，可以知兴替；以人为镜，可以明得失。'"

唐文宗沉思了一会儿，说道："既然李训不适合做谏官，那么就另外授给他一个官职吧！"

李德裕态度坚决，依然说道："不可以，李训这人好说大话，自以为是，阴险善谋，我还是那句话：千万不要授给他任何官职。他这种人一旦得势，非常可怕。"

唐文宗看了王涯一眼，征询他的意见，王涯左顾右盼，心里很纠结。当初他听说朝廷要重用李训时，他是反对的，但这次皇帝任用李训的态度明确，既要迎合皇帝的心意，又惧怕李训、郑注等人的朋党势力强盛，于是见风使舵，中途变卦。他不敢看李德裕的目光，吞吞吐吐地说："我看可以……"

李德裕见状，急忙挥手制止他，让他不要说话。

恰在这时，文宗回过头，刚好看见这一幕，脸上顿时现出了不高兴的神色。

李德裕还说郑注这等人最好也不要重用。因为郑注在给文宗皇帝熬制长生不老的金丹，李德裕也多次反对，让皇帝不要服用所谓的金丹，吸取前任皇帝的教训。李德裕还曾专门写有文章反对。当年敬宗皇帝把周息元请到京城炼丹，李德裕是反对的，如今文宗皇帝也开始痴迷金丹。李德裕一时无话可说，也没人敢反对和说实话。这次廷议没有结果，只好作罢。

过了不久，朝廷下诏任命李训为四门助教，获赐绯衣、金鱼袋。不久，唐文宗又改任李训为国子监周易博士、翰林院侍讲学士。给事中郑肃、韩佽等人极力劝谏，认为李训是天下皆知的奸佞之徒，不宜留在皇帝左右，将皇帝的敕书驳回没有下达。

李德裕从中书省出来，遇见王涯，说道："给事中恪尽职守，驳回敕书，值得表扬啊！"

王涯默不作声，等李德裕走后，召见了给事中郑肃、韩佽，对他们说："李德裕宰相临走时留下话来，让你们两个人不可驳回敕书。"郑肃、韩佽大吃了一惊，立即回去宣读并下达了敕书。

第二天，郑肃和韩佽把此事告诉李德裕。李德裕也吃了一惊，说道："我不想驳回敕书，会当面告诉你们的，何必派人传话？况且，主管官吏驳回敕书，怎么可以按照宰相的意图行事呢？"郑肃和韩佽听李德裕这么说，顿时明白他们上了王涯的当，追悔莫及，惆怅而去。

李德裕在朝中反对李训和郑注做官的事，他们很快也知道了，非常憎恨李德裕。俗话说：宁得罪君子，莫得罪小人。李训和郑注本来就是臭味相投的小人，他们就开始合计如何对付李德裕。他们心里清楚，他们两人不是李德裕的对手，他们想借刀杀人，于是想到了曾与李德裕多次针锋相对的李宗闵，想让李宗闵来打击李德裕。于是，他们找到权势极大的宦官王守澄，想让他想办法提拔李宗闵。其实王守澄也非常憎恨李德裕，也一直在想办法打击李德裕的气焰，三人一拍即合，决定让李宗闵来对抗李德裕。

在他们的运作下，这年九月，任山南西道节度使的李宗闵很快调回了京城。十月，朝廷任命李宗闵为中书侍郎，同平章事。

唐文宗太和八年（834年）十月初五，朝廷调李德裕为检校兵部尚书，同平章事，出任兴元尹、山南西道节度使。李德裕被罢了宰相，他执政仅一年七个月零七天。

这件事发生得太突然了，李德裕没有一点心理准备。让他没有想到的是哥哥李德修和弟弟也受到牵连，纷纷被贬。

李德裕执政期间，清除了李宗闵的党羽和一些贪官污吏，做了一些改革，取得的成绩大家是有目共睹的。他为了大唐，忠心耿耿，鞠躬尽瘁，不计个人得失，在他的整顿下，社会风气也明显有了好转，百姓也丰衣足食。李德裕为官清廉，并没有因为自己是宰相而私下照顾亲兄弟，甚至对他们提的要求也统统拒绝。就在他准备放开手脚大干一场时，遭到小人陷害，朝廷突然罢免了他的相位，令人惋惜。

第十章

遭遇诬陷

李德裕进见文宗皇帝，陈述了自己的想法，表示愿意继续留在京城，希望皇帝能恩准。十月十七日，文宗皇帝下诏任命李德裕为兵部尚书。随即宰相李宗闵向皇帝上表，说原来的诏书已经宣布，不应该再随便更改。

十一月，李德裕终为李宗闵等所排斥，复出为浙西观察使。命运似乎跟他开了一个玩笑，他又回到了浙西。

李德裕赴浙西任，路过汝州，时刘禹锡为汝州刺史，刘禹锡设宴为其接风，谈起当今的朝廷，两人感慨颇多。刘禹锡说："如今李宗闵当了宰相，他的狐朋狗友肯定又会被他弄到京城。"李德裕叹了一口气说："这是肯定的，我提拔的人又会被他打压或贬出京城。"刘禹锡说："我听说，李宗闵想请白居易出山，被白居易拒绝了。"关于白居易，李德裕不愿多说，两人政见不同。刘禹锡立即说："把酒言欢，别说这些不高兴的事。"两人开始喝酒。刘禹锡还写了几首诗赠送李德裕，他对李德裕以往的政绩是充分肯定的，对李德裕的此次东南之行也给予了安慰。这些体现两人深情厚谊的诗保存在《刘禹锡信集笺证》里。

浙西的老百姓知道李德裕又回来了，他们敲锣打鼓欢天喜地迎接这位当年造福浙西的大英雄。李德裕看着这些老百姓，感触很多，他忍住泪水，下定决心要继续造福百姓。

新的幕府很快组建了起来，杜牧之弟杜顗被任命为巡官。杜牧跟杜顗关系非常好。杜顗二十五岁举进士，二十六岁一举登上第。牛僧孺为淮南节度使，他想请杜顗进入他的幕府，杜顗直接谢绝了，可见杜顗与李德裕的交谊。

《资治通鉴·大和九年》载："李德裕为浙西观察使，漳王傅母杜仲阳坐宋申锡事放归金陵，诏德裕存处之。会德裕已离浙西，牒留后李蟾使如诏旨。"

杜仲阳就是大名鼎鼎的杜秋娘。杜秋娘原是润州人，江南女子的秀丽与文采在她身上尽数体现。她十五岁时，镇海节度使李锜以重金将她买入府中为歌舞姬。杜秋娘不满于只表演别人编好的节目，自己谱写了一曲《金缕衣》，声情并茂地唱给李锜听："劝君莫惜金缕衣，劝君惜取少年时。花开堪折直须折，莫待无花空折枝。"此诗正合了李锜之意，当时就把她纳为侍妾。唐德宗驾崩，李诵继位为顺宗，在位仅八个月就禅位给儿子李纯，是为唐宪宗。唐宪宗试图削减节度使的权力，李锜不满，举兵反叛，在战乱中被杀，杜秋娘入宫为奴，仍旧当歌舞姬。有一次杜秋娘为宪宗表演了《金缕衣》，宪宗被深深地感染，爱慕之情油然而生，杜秋娘被封为秋妃。

杜秋娘不仅是宪宗的爱妃，还是他的"机要秘书"。杜秋娘以女人的柔情和宽容弥补了宪宗年轻气盛、性情浮躁的缺点，宪宗常常与她讨论治国大事，二人过了十几年非常恩爱的日子。不料元和十五年（820年），宪宗突然不明不白地死在宫中，有人传言是内侍弘志蓄意谋弑，但当时宦官专权，此事不了了之。

二十四岁的太子李恒嗣位为唐穆宗，杜秋娘则负责照顾皇子李凑。李恒好色荒淫，沉迷于声色犬马，不满三十岁一命呜呼。十五岁的太子李湛继位为唐敬宗，他只知道打猎游玩，不理国事，不久又在宫中被刺身亡。这时，李凑已被封为漳王。后因豆卢著诬告宰相宋申锡与漳王谋反，导致李凑被贬，宋申锡则谪为江州司马，而杜秋娘也削籍为民，返回乡里，结束了她的"折花"岁月。

当年李德裕在朝为官时，有恩于杜秋娘，如今杜秋娘落难，李德裕设宴款待她，并留她小住几日，这本是人之常情，没想到被别有用心的人汇报给了朝廷。郑注、李训知道后，联合王守澄和李宗闵大做文章，想置李德裕于死地。于是左丞王璠、户部侍郎李汉给皇帝上表，说李德裕厚赂杜仲阳，阴结漳王，图谋不轨。

文宗皇帝阅后，非常震惊，召集王涯、路隋、王璠、李汉、郑注等大臣，当面对质此事。王璠和李汉极力诬陷李德裕勾结漳王李凑，语气非常坚定，他们还添油加醋把一些往事说了出来，说杜秋娘不是好东西，当年她跟了镇海节度使李锜，结果李锜举兵反叛。杜秋娘仗着几分姿色，迷惑了宪宗，成了漳王的傅母，结果漳王李凑反叛。现在又勾结李德裕，图谋不轨，想要叛乱。

郑注趁机煽风点火，说李德裕头上有反骨，早就跟漳王勾结在一起了，还举例说第一个比较有名的就是魏延头上也长有反骨，当时诸葛亮断定魏延以后必定谋反，结果还真被诸葛亮说中了。还好诸葛亮留有后手，没有让魏延造反成功，魏延被斩杀阵前。安禄山也有反骨，当时张九龄就认为安禄山有反骨，不可信任，可是当时的唐玄宗根本不在乎，结果养虎为患了。

人走茶凉，其他大臣也纷纷对李德裕落井下石。这时，唯有路隋站了出来，李德裕被贬后，他成了宰相。路隋通晓五经，为人端正，诚实少言，凭守孝悌闻名于世。路隋说："漳王已死，你们却说李德裕跟漳王勾结在一起，死无对证，你们也太心毒了，怎么能随随便便诬陷一个好人呢？再说杜秋娘一个女人，能有多大的本事，李德裕还要厚赂她？"

"武则天还不是一个女人……"武则天是皇家忌讳的一个话题，王璠见皇帝脸色变了，立即把后面的话吞了回去，自己也吓出一身冷汗。

路隋说："李德裕对大唐一直忠心耿耿，他应该不是这样的人，他怎么会图谋不轨呢？"

李汉说："知人知面不知心，你一个负责修撰国史的人不懂人情世故，你敢为自己所说的话负责吗？"

路隋坚决地说："如果真的像左丞王璠、户部侍郎李汉所说的那样，那么我路隋也应当有罪！"

大家的争论这才罢休。路隋没想到的是，他的这番话得罪了王璠、李汉、郑注，这些小人自然不会放过路隋的。

很快，路隋莫名其妙地就被贬了，让他担任镇海军节度使，即刻赴任，不得当面向皇帝辞行。路隋为李德裕说了几句公道话就遭到小人的算计，其他大臣就更不敢为李德裕说公道话了。

这个时候，王涯又落井下石。当初他能当宰相，还是李德裕在皇帝面前为他美言，大力举荐的。如今李德裕被贬，王涯需要新的靠山，自然就站在郑注、李训这边，因为他们身后有权势很大的王守澄。王涯就向文宗皇帝打小报告，说当初李德裕任宰相期间，文宗皇帝刚得病，有一天，他招呼李德裕一同去向皇帝请安问好，结果李德裕没有来。又说李德裕在西蜀征收拖欠的税钱三十万，百姓愁苦穷困，他却私自贪污。在任浙西观察使、滑州刺史、西川节度使时更是大量贪污挪用朝廷银钱，还修建了豪华的别墅，等等。皇帝听后更加愤怒，再次下诏贬降李德裕为袁州长史，同时派人下去偷偷调查李德裕。

李训和郑注得到文宗皇帝宠幸后，开始变得无法无天，胆大妄为。郑注没有真才实学，却被任命为工部尚书，充翰林侍讲学士，但他还不满足，想要做中书、门下两省的官员。因为李宗闵当宰相后，被李德裕排挤的官员纷纷回到京城，官复原职，郑注也想插手中书、门下两省，没想到宰相李宗闵不同意。

郑注不高兴了，李宗闵能回来当宰相，有他一半功劳，如今李德裕被赶走了，李宗闵又不听话了，甚至李宗闵的朋党也不听他的话了，跟他对着干。

留着李宗闵何用？于是，郑注和李训、王守澄一合计，想把李宗闵赶走。

就在此时，京城都在传言郑注为皇帝炼制的金丹需要用婴儿的心脏做药引，百姓非常惊慌，家有婴儿的家庭纷纷离开京城，或者关起家门保护孩子。文宗皇帝听后感到很厌恶，甚至开始呕吐，便派人下去严查这事。郑注心里不安，而且他一直与京兆尹杨虞卿有矛盾，杨虞卿也一直瞧不起他这种靠骗人医术游江湖而得到皇帝宠幸的人，多次直接称呼他"鱼郑""水族"，两人谁也不服谁。于是郑注就与李训约定上表说："这个谣言是从杨虞卿家传出来的，通过京兆尹的侍从流传到京城。"御史大夫李固言向来忌恨杨虞卿，因此附和其说。皇帝大怒，将杨虞卿关进诏狱。

郑注又在文宗皇帝面前说李宗闵的坏话，正赶上李宗闵来为杨虞卿求情。李宗闵和杨虞卿关系非同一般，李宗闵待之如骨肉。李宗闵见了皇帝情绪激动，言辞不免有点激烈，文宗皇帝很生气地怒斥李宗闵道："以往你总是说郑覃是妖气，现在作妖成怪的是郑覃还是你李宗闵呢？"随即喝令将李宗闵调出京城。第二天皇帝就罢免了他的宰相职务，贬降李宗闵为明州刺史，不久又贬他为处州长史。杨虞卿被贬为虔州司马，后来又改为虔州司户。

左神策军中尉韦元素，枢密使王践言、杨承和长期在宫中掌权的王守澄因争权夺利而不和，郑注和李训为了解除他们的权力，便调杨承和到西川、韦元素到淮南、王践言到河东，都担任监军。

七月，郑注诬告沈立義厚赂宋若宪以求执政，近臣杨承和、韦元素、沈立義及宋若宪的姻亲、宗族受株连被贬官的有十余人，李宗闵再被贬为潮州司户。

李宗闵的同党李汉、肖浣、萧瀚等等，要么被牵连治罪，要么被贬，纷纷离开京城。

春风得意的郑注和李训大耍阴谋手段，一口气接连赶走了李德裕、路隋、李宗闵三位宰相，威震天下，权倾朝野。他们两人靠着皇帝的宠信，对自己有丝毫恩德和有细微怨恨的人无不回报，要么提拔重用，要么睚眦必报。贬沈立義为邵州刺史，赐予宋若宪死罪。让皇帝下诏，将杨承和安置在欢州，韦元素安置在象州，王践言安置在恩州，命令所经之处一律戴枷锁相送。不久，又派使者追上他们，赐予杨承和、韦元素、王践言死罪。当时，崔潭峻已死，也被开棺鞭尸。

被李训和郑注所厌恨的朝臣，要么被指控为李德裕的党羽，要么被指控为李宗闵的党羽，不断遭到贬斥和排挤。与此同时，朝廷中既非李德裕党，也非李宗闵党的，也有被贬出朝廷的，如《旧纪》记载，贬工部侍郎、充皇太子侍读崔侑为洋州刺史，贬吏部郎中张讽为夔州刺史，考功郎中、皇太子侍读苏涤为忠州刺史，户部郎中杨敬之为连州刺史等，也是李训和郑注趁势对朝官，特别是对言官的打击。同时他们提拔一些对他们言听计从的庸官，甚至还有贪官，他们也乘机大发横财。朝臣的班列几乎无人，朝廷之中人心惶惶，动荡不安，后来唐文宗也知道了这些情况。

这时，朝廷派下去调查李德裕的官吏回来了，并如实地向皇帝作了汇报，说李德裕厚赂杜仲阳，阴结漳王，图谋不轨，纯粹是造谣诽谤。李德裕贪污挪用朝廷公款没有证据，相反老百姓对他评价很高，他在地方所取得的政绩有目共睹。

李训和郑注担心权势被人动摇，于是劝皇帝下诏说："对于李德裕、李宗闵的亲朋故友以及门生故吏，除了今天以前贬斥的人之外，其余一概不再问罪。"人心这才逐渐安定了下来。

第十一章

宫廷政变

　　唐文宗在位期间，明眼人都知道，朝臣分为牛、李两派，他们拉帮结派，成为结党营私的小圈子，朋党之间互相攻击，众多清廉正直的官员都成了党派之争的牺牲品。官员频频调动，国家政权以至皇帝的生死废立全操纵在宦官的手中。

　　唐文宗如此重用李训和郑注，他是有自己的打算的，宦官一直是唐文宗的一块心病，唐朝几位皇帝都死在宦官手上，他之所以从下层提拔郑注、李训分别为御史大夫和宰相，是想把他们发展成自己的心腹，靠他们来铲除宦官势力，夺回政权。

　　太和五年（831年），唐文宗与宰相宋申锡暗中策划除掉宦官，但是被王守澄及其门客探听出来，诬告宋申锡谋立漳王李凑。唐文宗中计，宋申锡被贬。

　　唐文宗诛灭宦官之心为何如此强烈呢？在讲述甘露之变前，有必要探究一下原因。

　　唐代宦官萌芽于武则天时期，成气候于中宗复位。唐初，宦官人数很少，他们的权力也小，只管宫内杂事，不得参与国家大事。唐朝初年，关陇贵族充斥朝堂，许多贵族"出将入相"。历史学家陈寅恪在《唐代政治史述论稿》中解释为何关陇贵族占据朝堂，而不引起皇室反感，这是因为皇室李姓本身就是关陇贵族的成员，关陇将领卸下将军装，即着宰相衫，在他们看来，这是维护自家天下。

唐太宗尤其吸取汉朝宦官干政的教训，对宦官的任用相当谨慎，他表示使之不过"门阁守御，廷内扫除，禀食而已"。唐太宗的儿孙们也很好地坚持了他的做法，直到武则天时期，有些事她不便出面，于是让宦官出面以牵制外朝的功臣宰相，防止他们有异心。

中宗复位后，韦后当政，极力扩大内廷权力，发展宦官势力，开唐代宦官监军之先河。

自安史之乱爆发，宦官作为一种救危扶倾的力量而飞黄腾达，逐步掌握朝廷军政要务，宦官开始在朝廷上得到重用，以致后期出现了文武官和宦官之间的深刻矛盾，宦官群体自身也不断借助手中的权力排除异己，巩固地位，直到可以左右皇帝的生死。

宦官掌握军权，同时也掌握了皇室命脉，渐渐有了两项足以使他们凌驾于其他政治势力之上的权力。

一是执掌机要。肃宗时，宦官李辅国传宣诏命，掌管四方文奏。当时的全盘军事行动基本上是在李辅国的策划下进行的。代宗时，又设立执掌机要的枢密使，规定由宦官担任，于是宦官正式参与国家政事。两枢密使和掌管禁军的两中尉合称"四贵"，是最有权势的宦官，掌握了中央政府的军政大权。

二是掌管禁军。唐德宗时，朱泚、李怀光等将领先后叛乱，统率禁军的朝臣白志贞又很无能，于是德宗认为文臣武将都不堪信赖，只有宦官最为可靠。于是设统率禁军的护军中尉二人，中护军二人，都以宦官充任。从此，宦官掌管中央禁军成为制度。

掌管军政大权是宦官能肆意擅权的根源，唐文宗李昂能当上皇帝，得益于宦官王守澄、梁守谦等人的帮助。他在位初期，可谓励精图治，他放出宫女三千余人，减省冗员，但他最头痛的还是自己时时受制于掌握军政大权的王守澄等宦官。唐文宗曾与宰相宋申锡暗中策划除掉宦官，终未成功。唐文宗下定决心要再次铲除宦官势力，夺回政权，这也是他提拔郑注、李训的原因，想让他们帮他铲除韦元素、王守澄、仇士良、鱼弘志等大宦官。

郑注、李训被唐文宗宠信后，他们的野心也跟着膨胀，也想脱离王守澄的控制，善于察言观色的他们很快发现唐文宗的心思，双方一拍即合，便与文宗密谋诛灭宦官。郑注和李训二人是因为王守澄的举荐而得以进入朝廷任高职，唐文宗认为与他们谋事不易引起宦官的警觉。外人仅知道郑注和李训倚仗宦官擅作威福，却不知道二人原来与唐文宗另有更大的密谋。同为宦官的仇士良和王守澄一向不和，唐文宗决定借宦官之力打击宦官，以毒攻毒。他们打算先利用宦官的内部矛盾除掉王守澄等大宦官。

郑注已彻底赢得王守澄的信赖，因为他帮王守澄清除了与其因争权夺利而不和的韦元素、王践言、杨承和，让王守澄独揽所有军政大权。王守澄掌控大权达十五年之久，其间公然收受贿赂，擅自卖官鬻爵，大发横财，由郑注在中间牵线，位于善和里的郑注宅邸终年门庭若市，人流络绎不绝。如王播买得盐铁转运使之职，郑权也因贿赂得到广州节度使之位，等等。

如今，郑注为了分化王守澄的军政大权，故意激起王守澄和仇士良之间的矛盾，让素与王守澄有嫌隙的宦官仇士良担任左神策中尉，王守澄对此颇为不满。宰相李训任命王守澄为左右神策军观军容使，名义上这是神策军中的最高职衔，但只是个没有任何实权的名誉职务，王守澄被彻底剥夺了兵权。太和九年，唐文宗以李训之谋，杖杀曾参与杀害唐宪宗的宦官陈弘志。不久，李训、郑注秘密地向文宗建议，请求诛杀王守澄。辛巳（初九），文宗派宦官李好古前往王守澄的住宅，赐王守澄毒酒，把他杀死。李训、郑注本来是通过王守澄的推荐才被提拔的，但王守澄到死都没明白，自己是死在了最信任的两个人的手上。百官都为王守澄因奸佞被杀而拍手称快，同时厌恶李训、郑注的阴险狡诈。

据《资治通鉴》记载，除掉了王守澄，唐文宗想趁机把专权跋扈的宦官仇士良等一网打尽。唐文宗和李训、郑注密谋，定好了计策，待郑注到凤翔上任后，挑选几百名壮士，每人携带一根白色棍棒，怀揣一把利斧，作为亲兵。二人约定，本月戊辰（二十七日），朝廷在河旁埋葬王守澄时，由郑注奏请文宗批准率兵护卫葬礼，于是便可带亲兵随从前往。同时奏请文宗，命神策军护军中尉以下所有宦官都到河旁为王守澄送葬。届时，郑注下令关闭墓门，命亲兵用利斧砍杀宦官，全部诛除。计划已经定好，李训又和他的同党密谋说："如果这个计划成功，那么，诛除宦官的功劳就全部归于郑注，不如让郭行余和王璠以赴邠宁、河东上任为名，多招募一些壮士，作为私兵，同时调动韩约统领的金吾兵和御史台、京兆府官吏和士卒，先于郑注一步，在京城诛除宦官，随后把郑注除掉。"

其实李训和郑注二人并不完全齐心协力，两人面和心不和，也有不少矛盾。郑注为人诡谲狡险；李训好说大话，自以为是，阴险善谋。两人相处久了，为了各自的利益，矛盾就出来了，他们能背叛自己的恩人、兄弟，自然也会反目。李训身居宰相，又怕郑注抢了功，干脆一不做二不休，他与宰相舒元舆合谋改变了事先定好的计划，决定提前行动。李训自定的计划，也得到了皇帝的同意。这说明他只要求杀死宦官，至于如何杀和杀了以后如何，似乎都是不值得考虑的小事。他看宦官仅仅是个阉人，看不见宦官代表着一股社会势力，甚至看不见宦官与神策军的关系，以为用阴谋一杀即可成事。

李训任命亲信郭行余、王璠为节度使，让他们招募士卒，与金吾卫大将军韩约、御史台御史中丞李孝本、京兆府少尹罗立言一块行动，他们都是李训所信任的官员，决定一同诛除宦官，顺便也要将郑注一并除去。

壬戌（二十一日），唐文宗亲自来到紫宸殿。在《资治通鉴》里是这样记载的："壬戌，上御紫宸殿。百官班定，韩约不报平安，奏称：'左金吾听事后石榴夜有甘露，卧递门奏讫。'因蹈舞再拜，宰相亦帅百官称贺。训、元舆劝上亲往观之，以承天贶，上许之。百官退，班于含元殿。日加辰，上乘软舆出紫宸门，升含元殿。先命宰相及两省官诣左仗视之，良久而还。训奏：'臣与众人验之，殆非真甘露，未可遽宣布，恐天下称贺。'上曰：'岂有是邪！'顾左、右中尉仇士良、鱼弘志帅诸宦者往视之。宦者既去，训遽召郭行余、王璠曰：'来受敕旨！'璠股栗不敢前，独行余拜殿下。时二人部曲数百，皆执兵立丹凤门外，训已先使人召之，令入受敕。独东兵入，邠宁兵竟不至。"

仇士良率领宦官到左金吾后院去查看甘露，韩约紧张得浑身流汗，脸色十分难看。仇士良觉得很奇怪，问："将军为什么这样？"韩约神情紧张，浑身发抖，一时不知该如何回答。

　　过了一会儿，一阵风把院中的帐幕吹起来，仇士良发现很多手执兵器的士卒，又听到兵器碰撞的声音。仇士良等人大惊，急忙往外跑，守门的士卒正想关门，被仇士良大声呵斥，门闩没有关上。仇士良等人急奔含元殿，向文宗报告发生兵变，被李训看见。李训急呼金吾士卒说："快上殿来保护皇上，每人赏钱百缗！"宦官对文宗说："事情紧急，请陛下赶快回宫！"随即抬来软轿，迎上前去搀扶文宗上轿，冲断殿后面的丝网，向北急奔而去。李训拉住文宗的软轿大声说："我奏请朝政还没有完，陛下不可回宫！"这时，金吾兵已经登上含元殿。同时，罗立言率领京兆府担负巡逻任务的士卒三百多人从东边冲来，李孝本率领御史台随从二百多人从西边冲来，一齐登上含元殿，击杀宦官。宦官血流如注，大声喊冤，死伤十几个人。文宗的软轿一路向北进入宣政门，李训拉住软轿不放，呼喊更加急迫。文宗呵斥李训，宦官郗志荣趁机挥拳奋击李训的胸部，李训被打倒在地。文宗的软轿进入宣政门后，大门随即关上，宦官都大呼万岁。这时，正在含元殿上朝的百官都大吃一惊，四散而逃。李训见文宗已入后宫，知道大事不好，于是换上随从官吏的绿色官服，骑马而逃。一路上大声扬言说："我有什么罪而被贬逐！"宰相王涯、贾餗、舒元舆回到政事堂，相互商议说："皇上过一会儿就会开延英殿，召集我们商议朝政。"中书、门下两省的官员来问王涯三人，到底发生了什么事。三人都说："我们也不知怎么回事，诸位各自随便先去吧！"仇士良等宦官知道文宗参与了李训的密谋，十分愤恨，在文宗面前出语不逊。文宗羞愧惧怕，不再作声。

　　仇士良等人命令左、右神策军副使刘泰伦、魏仲卿等各率禁兵五百人，持刀露刃从紫宸殿冲出讨伐贼党。这时，王涯等宰相在政事堂正要吃饭，忽然有官吏报告说："有一大群士兵从宫中冲出，逢人就杀！"王涯等人狼狈逃奔。中书、门下两省和金吾卫的士卒一千多人争着向门外逃跑。

不一会儿，大门被关上，尚未逃出的六百多人全被杀死。仇士良下令分兵关闭各个宫门，搜查南衙各司衙门，逮捕贼党。各司的官吏和担负警卫的士卒，以及正在里面卖酒的百姓和商人一千多人全部被杀，尸体狼藉，流血遍地。各司的大印、地图和户籍档案、衙门的帷幕和办公用具被捣毁、抄掠一空。

仇士良等人又命左、右神策军各出动骑兵一千多人出城追击逃亡的贼党，同时派兵在京城大肆搜捕。

舒元舆换上民服后，一人骑马从安化门逃出，被骑兵追上逮捕。王涯步行到永昌里的一个茶馆，被禁兵逮捕，押送到左神策军中。王涯这时已七十多岁，被戴上脚镣手铐，遭受毒打，无法忍受，因而违心地承认和李训一起谋反，企图拥立郑注为皇帝。

王璠回到长兴里家中后，闭门不出，用招募的私兵防卫。神策将前来搜捕，到他的门口时，大声喊道："王涯等人谋反，朝廷打算任命您为宰相，护军中尉鱼弘志派我们来向您致意！"王璠大喜，马上出来相见。神策将再三祝贺他升迁，王璠发现被骗，流着眼泪跟随神策将而去。到了左神策军中，见到王涯，王璠说："你参与谋反，为什么要牵连我？"王涯说："你过去担任京兆尹时，如果不把宋申锡诛除宦官的计划透露给王守澄，哪里会发生今天的事！"王璠自知理亏，低头不语。神策军又在太平里逮捕了罗立言以及王涯的亲属奴婢，都关押在左、右神策军中。户部员外郎李元皋是李训的远房表弟，其实李训并没有提拔重用他，也被逮捕杀死。前岭南节度使胡证是京城的巨富，禁军士卒想掠夺他的财物，借口说贾餗藏在他家，进行搜查，把他的儿子胡溦抓住杀死。禁军又到左常侍罗让、詹事浑镰、翰林学士黎埴等人的家中掠夺财产，扫地无遗。浑镰是中唐名将浑瑊的儿子。这时，京城的恶少也趁机报平日的私仇，随意杀人，剽掠商人和百姓的财物，甚至相互攻打，以致尘埃四起，漫天蔽日。

　　癸亥（二十三日），百官入朝，日出，始开建福门，唯听以从者一人自随，禁兵露刃夹道。到宣政门时，尚未开。时无宰相御史知班，百官无复班列。唐文宗亲临紫宸殿，问："宰相怎么没有来？"仇士良回答："王涯等人谋反，已经被逮捕入狱。"接着，把王涯的供词递呈文宗，唐文宗召左仆射令狐楚、右仆射郑覃上前，让他们观看王涯的供词。唐文宗既悲伤又气愤，几乎难以自持，问令狐楚和郑覃："是不是王涯的笔迹？"二人回答说："是！"唐文宗说："如果真的这样，那就罪不容诛！"于是，命令二人留在政事堂，参与决策朝廷大政方针。同时，又命令狐楚起草制书，将平定李训、王涯等人叛乱宣告朝廷内外。令狐楚在制书中叙述王涯、贾餗谋反的事实时，浮泛而不切要害，仇士良等人对此很不满，由此令狐楚未能被擢拔为宰相。

　　时坊市剽掠者犹未止，命左、右神策将杨镇、靳遂良等各将五百人分屯通衢，击鼓以警之，斩十余人，然后才安定下来。

　　贾餗变服潜民间经宿，自知无所逃，素服乘驴至兴安门，自言："我是宰相贾餗，被奸人所污蔑，你们把我抓起来送到左、右神策军去吧！"门者执送西军。李孝本改衣绿，犹服金带，以帽障面，单骑奔凤翔，至咸阳西，被追兵擒之。

　　李训素与终南僧宗密善，前往投奔。宗密欲剃其发而匿之，其徒曰不可。李训出山，将奔凤翔，为盩厔镇遏使宋楚所擒，解送京师。至昆明池，李训恐至军中更受酷辱，谓送者曰："得我则富贵矣！闻禁兵所在捕捉，沉必为所夺，不若取我首送之！"送者从之，斩其首送往京城。

左神策军出兵三百人，以李训的首级引导王涯、王璠、罗立言和郭行余，右神策军出兵三百人，押贾餗、舒元舆和李孝本，献祭太庙和太社，接着，在东、西两市游街示众，命百官前往观看。在京城独柳树下把他们腰斩，首级挂在兴安门外示众。李训等人的亲属不管亲疏老幼，全部被杀。妻子女儿没有死的，没收为官奴婢。观看的百姓都怨恨王涯把持茶叶专卖，有的人大声怒骂，有的人拿瓦块往他身上打。

此前，郑注按照事先和李训的约定，率亲兵五百已经从凤翔出发，到达扶风县。扶风县令韩辽知道他和李训的密谋，因此，不加接待，携带县印和下属胥吏、士卒逃往武功。这时，郑注得到李训失败的消息，于是，又返回凤翔。仇士良等派人携带唐文宗的密敕授予凤翔监军张仲清，命令他诛除郑注。张仲清疑惧不知所措。押牙李叔和劝张仲清说："我以您的名义用好言好语招来郑注，然后设计退下他的亲兵，把他杀死在座席，叛乱即刻就可平定！"张仲清同意，于是，设下伏兵等待郑注。郑注倚恃他的亲兵，因而也不怀疑，径直进入凤翔城来见张仲清。李叔和把郑注的亲兵引到门外予以款待，只有郑注和几个随从进入监军使院。郑注刚刚喝完茶，被李叔和抽刀斩首。随即关闭外门，诛杀郑注的全部亲兵。于是，张仲清出示唐文宗的密敕，向将士宣布。接着杀死郑注的家眷以及节度副使钱可复、节度判官卢简能、观察判官萧杰、掌书记卢弘茂等人和他们的同党，总共一千多人。钱可复是钱徽的儿子，卢简能是卢纶的儿子，萧杰是萧俛的弟弟。

这时，朝廷还不知道郑注已经被杀，丁卯（二十六日），唐文宗被迫下诏，免去郑注的职务和爵位，命令与凤翔邻近的藩镇按兵不动，观察凤翔城中的动静。同时，任命左神策大将军陈君奕为凤翔节度使。戊辰（二十七日）夜晚，张仲清派李叔和等人前往京城献上郑注的首级，朝廷命挂在兴安门上示众。于是，京城的人心逐渐安定，禁军诸军开始各回军营。

李训、王涯、王璠、韩约、贾𫗧、舒元舆、郭行余、罗立言、李孝本等朝廷重要官员被宦官灭门，受株连被杀的一千多人，这就是历史上有名的"甘露之变"。

司马光认为，凡是谈论甘露之变的人都认为王涯、贾𫗧在文学方面享有盛誉，他们开始并不知道李训、郑注企图诛除宦官的密谋，但最后却意外地惨遭灭族的灾难。我却不以为然。作为宰相，当国家出现危机的时候，不能奋起而救危扶倾，还要宰相有什么用呢？王涯、贾𫗧安然居于朝廷的崇高职位，领取优厚的俸禄。而李训、郑注都是小人，依靠施展奸邪和阴险的才能，窃取了节度使和宰相职务。王涯、贾𫗧和他们一起共事，不以为耻；国家危难，不以为忧；苟且偷安，一天接着一天。自以为获得保护自己的万全良策，没有人能和自己相比。如果百官都像他们这样尸位素餐，而不遭受灾祸，那么，奸臣谁不愿意如此呢！然而，一旦发生意想不到的灾难，就不免家破人亡。我认为，他们是被上天所诛杀，否则仇士良怎么能够轻易族灭他们全家呢？

甘露之变作为唐中后期最大的政治事件，功败垂成的最大原因就是文官集团之间的钩心斗角以及宦官势力的过于强大。需要指出的是，自安史之乱以后，皇帝就不信任文官集团和藩镇，开始重用宦官，以致宦官势力不断膨胀，宦官专权愈演愈烈。而甘露之变的实质是宦官集团与文官集团为了争夺最高权力的一次争斗。

唐文宗志大才疏，有志向，无能力，作为皇帝，平衡政局是第一位的。当时宦官集体已经形成了巨大的利益集团，唐文宗希望彻底除掉所有宦官，显然不太现实。

当时的唐朝已经衰败，经不起折腾，唐文宗这场政变的失败，也彻底让政局失衡，宦官拥有了最高权力，文官集团就此失势。唐文宗此后更受宦官压制，郁郁而终。

第十二章

暗流涌动

甘露之变时李德裕在袁州长史任，他听闻朝廷甘露之变后，心里五味杂陈，暗自庆幸自己被贬，如果当时在京城，要么被李训、郑注害死，要么被宦官整死。

甘露之变后，唐文宗终于明白了，当初李德裕为何要反对他用郑注和李训，这才想到了李德裕的种种好处，突然也明白了李德裕是被郑注和李训打击报复而受到排挤的，心里顿时懊悔不已。

唐文宗开成元年（836年），文宗皇帝与宰相议政时，说："朕执政以来，有没有令人遗憾和追悔的失误之事呢？"没人敢吱声。文宗皇帝笑着说："你们大胆说，说错了，朕不会责怪你们的。"宰相们就说，太和年间，宰相宋申锡被郑注等小人诬告陷害，被贬致死，这是一大遗憾之事。

文宗皇帝听到宋申锡一案，心里非常愧疚难过，情不自禁地流下了泪水，说道："迫于形势，当时我也为难，身不由己。请宰相替朕下旨褒奖，追赠宋申锡一个官职。"顿了顿，接着说："李德裕被贬，那是第二个宋申锡啊！"言外之意，文宗皇帝承认了李德裕是被小人陷害的。

于是，文宗下诏升李德裕为检校户部尚书，充任浙西观察使。李德裕又出任浙西观察使，这是他第三次前往镇守浙西了，前后达十余年。

李德裕十二月初四去浙西赴任，浙西的老百姓知道李德裕又回来了，夹道欢迎。到任后他还特意去了一趟丹徒县，看望了妾室徐盼的娘家人。徐盼死了八年了，葬洛阳邙山。接着他又辟刘三复为浙西从事。经过一段时间调查走访，他发现军政和民俗依然存在许多问题，他决定进行整治。

李德裕勤俭治军，奖罚分明，打击恶霸和地头蛇，社会逐渐稳定，治安也好了。令他欣慰的是，当年他对浙西一带的民俗弊端进行整治，革除陈规陋习，移风易俗，以儒家伦理道德教化百姓，如今效果非常好，以前那些陈规陋习都不复存在了。就在他准备大干一场时，几个月后，朝廷又任命他为淮南节度使，代牛僧孺，牛僧孺由淮南节度使授东都留守。

起先，牛僧孺一听说李德裕替代自己，便把军府事务交给了副使张鹭，即刻入朝。这时扬州府库有钱帛八十万贯匹，待李德裕到任，奏报朝廷：他仅领得四十万，另一半全被张鹭支用。牛僧孺得知后，深感不平，就向皇帝上表说明库存的是八十万，并非如李德裕所奏。

这时的朝廷谏官魏慕等人共同上表文宗皇帝说李德裕是挟私报复牛僧孺。文宗皇帝将奏章扣下，他知道牛僧孺和李德裕不和，其中一定有什么误会，下诏让李德裕复核府库的实有钱帛。重新核查果然是牛僧孺所报的数字。李德裕向皇帝上表说："初到镇职即生病，被吏属隐瞒欺骗，请求处罚。"文宗下诏宽免。

这时补阙王绩、魏慕、崔党、韦有翼，拾遗令狐绚、韦楚老、樊宗仁等，抓住这件事不放，连连上奏章非议李德裕谎报钱帛之数，以此倾轧牛僧孺，文宗始终不予追究。

推算这件事，李德裕可能是一时冲动，历任节度使交接都是折半上报，李德裕并非不知，那是不成文的规矩。牛僧孺和李德裕一直不和，连交接仪式都不敢照面，这个聪明狡诈的牛僧孺怎么会留下把柄在李德裕的手中呢？李德裕可能急于要扳倒牛僧孺，或吓唬他一下，操之过急了。

牛僧孺在淮南六年，没有太多可以值得称道的政绩。《旧唐书·牛僧孺》载："僧孺嫌处藩镇，求归散地。"牛僧孺于开成初不愿意担任"据镇"大约是确实的，杜牧所作牛僧孺墓志铭也载他上章求罢任的话："臣惟退罢，可以行心。"他的求罢只不过出于庸人心理，而他在洛阳过的则是庸俗的生活，有白居易的诗《酬思黯戏赠》为证：

> 钟乳三千两，金钗十二行。
> 妒他心似火，欺我鬓如霜。
> 慰老资歌笑，销愁仰酒浆。
> 眼看狂不得，狂得且须狂。

诗中有白居易的小注，说明写诗的缘由。牛僧孺写诗嘲笑白居易身体太弱，说自己这些年一直服用钟乳，累计已经有三千两。钟乳给了他力量，所以他身边歌舞姬的数量不少，他都能应付。

和许多唐朝人一样，牛僧孺也服用丹药，不过他吃的是钟乳。

唐朝人重视钟乳，因为数量稀少，钟乳在唐朝时成为珍贵之物。

钟乳属于金石之药，经常用来配制药剂。孙思邈的《备急千金要方》中，钟乳被制成极细微的石末，应用到许多方剂之中，算是一种基础性的药材。孙思邈认为，服用石药，必须年过三十，五十岁以上可以三年服用一剂，六十以上两年服用一剂，七十以上一年服用一剂。又说：年过五十，精华消歇，服用钟乳，可以借力。六十以上再服用钟乳石，药效转弱，但依然可以让人"手足湿暖，骨髓充实……举措轻便，复耐寒暑，不着诸病"。但过量服用钟乳石的危害也是有目共睹的，所以孙思邈又有"宁食野葛，不服五石"的说法。

《剧谈录》中说，唐太宗时期，高季辅敢于坦率进言，唐太宗很高兴，特赐给他一剂钟乳，说："卿进药石之言，故以药石相报。"随后又赐给他一面金背镜，以表彰他的清鉴。

《唐语林》中提到，唐玄宗曾经赐给宰相宋璟一些钟乳，宋璟让子弟把这些钟乳交给医生，让医生替他炼制。医生提出要把钟乳带回家去炼制，宋璟答应，子弟们提醒宋璟，恐怕医生私下里会调换钟乳，用一些劣质品替换。宋璟不以为然，借此机会教导子弟，要以诚信待人，不要轻易猜疑别人。

这些逸事说明，在当时钟乳是珍贵之物，而且品质上的差异巨大。

可见牛僧孺与李德裕在洛阳居住时相比，生活情趣的俗与雅，相去甚远。《旧唐书·牛僧孺传》云："僧孺识量宏远，心居事外，不以细故介怀。洛都筑第于归仁里。任淮南时，嘉木怪石，置之阶庭，馆宇清华，木竹幽邃，常与诗人白居易吟咏其间，无复进取之怀。"此段记载应与上引白居易诗比对着看，牛僧孺的所谓

"无复进取之怀"，只不过对宦官专横不敢抗争，乐于服药与女乐，以保持其禄位而已。

诛杀宦官的失败，对唐文宗的打击是很大的，唐文宗被宦官"软禁"，他变得精神恍惚，一筹莫展，整日郁郁寡欢，饮酒求醉，赋诗遣愁。唐文宗对当值学士周墀慨叹，自己受制于家奴，境遇不如周赧王、汉献帝，说着不禁凄然泪下。周墀听了也伏地流涕。这是文宗皇帝个人的不幸，也是大唐帝国的悲哀。

一日，文宗皇帝在延英殿对宰相们说："每当朕跟你们谈论天下大事的时候，心里就忧愁不已。"宰相们安慰道："那是皇上忧国忧民啊，治理天下不能速成，往往欲速则不达！"文宗皇帝道："每次阅读历史书籍，与前代帝王相比较，朕差得太远了，深感耻辱。"

过了几天，文宗皇帝又对宰相们说："朕跟你们谈论天下大事的时候，有苦难言，心有余力不足啊！所以每天喝上几杯美酒，以求一醉罢了。"宰相们见状，都说道："都是我们无能造成的，我们有罪啊！"

唐文宗在位时期，不好女色，勤勉听政，厉行节俭，革除奢靡之风，下令停废许多劳民伤财的事，致力于复兴王朝，在唐朝中后期诸帝中颇为勤政。他虽能勤勤勉勉、宵衣旰食，但自身缺乏治国的才干，听信小人谗言，迫害忠良，宠用奸邪，最终也无法消除祸患。

唐文宗显然低估了仇士良的机智，刚刚抵达战场，仇士良便发现了事情的不对劲，他不但机智地选择了撤退，并且毫不犹豫地"绑架"了唐文宗。等到这场宫变平息之后，唐文宗也成了仇士良手中的傀儡皇帝。

接着太子李永在开成三年（838年）十月暴毙。当初立李永
为太子，文宗的杨妃不满意，一直谋求废掉他，但因朝廷上阻力
重重没有成功。如今太子突然死了，文宗更加郁郁寡欢，认为自
己枉为天子，连自己儿子的性命都不能保全，他除了追赐儿子为
"庄恪太子"外，还把火发到太子身边的宫人身上，从此文宗也积
郁成疾。

这时，李德裕在淮南，又辟杜牧弟弟杜顗为观察支使，时杜
顗眼疾已日益转重。杜牧请假专门来扬州给弟弟看病，但因杜牧
告假逾百日，只好辞官，后来他入宣州幕，为宣州团练判官。

四月，张仲方卒，时为秘书监，白居易曾为其作墓志，并不
提及李吉甫和李德裕之名，也不叙说"牛李党争"，应该是白居易
有意回避。

开成三年，杨嗣复、李珏拜相。李石为中人所恶，罢相，出
为荆南节度使。杨嗣复、李珏与郑覃、陈夷行议政多不和，杨嗣
复、李珏想让李宗闵回朝，就托宦官找文宗说情，但遭到郑覃和
陈夷行反对，郑覃、陈夷行与他在皇帝面前发生争论。郑覃认为，
杨嗣复任宰相后，现在的政事不如三年前自己当国的时候，并暗
示杨与李宗闵朋党有瓜葛；陈夷行则攻击宰相李珏修国史时美化
自己，掩盖先帝的美德。杨嗣复有口难辩，李宗闵仍由衡州司马
贬为杭州刺史。

唐文宗最痛恨朋党，他甚至说："去河北贼非难，去此朋党实
难。"朝廷从821年开始，朋党拉帮结派，相互打击，国家受损。
825年就出现了所谓"八关十六子"的集团，此后"二李"又轮
流做宰相，"纷纭排陷，垂四十年"，所以，朋党是当时唐文宗认
为最致命的一件事情。

最终唐文宗罢免了郑覃、陈夷行，让杨嗣复一人管理天下事，这说明他还是很信任杨嗣复的。杨嗣复、李珏专政，朋党之争又起。这一年，李德裕仍在淮南任节度使。

开成五年（840年）正月，杨嗣复正准备对官员进行精兵简政的时候，文宗驾崩了。宰相李珏、知枢密院事刘弘逸奉文宗密旨，要让皇太子陈王李成美监国主政。但是，手握军权的神策军中尉、宦官仇士良、鱼弘志却另有小算盘，如果陈王登基，那么有拥立之功的就是刘弘逸与李珏，他们二人日后就要坐冷板凳。所以二人弃文宗的圣旨于不顾，以太子年幼多病为由，提出更换皇太子。宰相李珏反对了半天，手里没有兵权，也只能是动动嘴皮子。兵贵神速，仇士良立即伪造了文宗的诏令，册立安王李溶为皇太弟，派神策军赴十六王宅迎请安王即位。

这个过程中发生了一个有趣的小插曲。据《唐阙史》记载，当时安王李溶和颖王李瀍都极受哥哥文宗喜欢，而且都住在王爷区——十六王宅。仇士良派出去的神策军是一帮没文化的粗人，没有弄明白他的意思。他们一大群人匆匆忙忙来到十六王宅时，却连要迎接哪位亲王都没弄清楚，站在门口傻了眼。宫中的仇士良反应还算快，马上派一个信得过的手下追了上去。然而这人是个脑子里明白嘴上讲不明白的笨人，到了王府门口张嘴半天，才傻乎乎地喊出一句："迎接大的！迎接大的！"意思是安王年长于颖王，应该迎接安王李溶。神策军听后还是一头雾水，搞不清该接谁。府里面的安王和颖王都听到了外边的喧哗，但是他们在没有最终确定之前都不敢贸然行动。

千钧一发之际，颖工在邯郸带回的王美人突然出现。她极其镇定地走出王府，来到满脑子糨糊的神策军官兵面前，用自己美丽的歌喉开始了唐朝历史上最成功的一次忽悠："尔等听着，所谓'大的'就是颖王殿下李瀍。你们把眼睛睁得大大的给我看清楚了，颖王殿下身材魁伟，连当今皇帝都称他为'大王'。"看到这帮粗人有点上钩，王美人忽悠得更起劲了："颖王与你们的上司仇公公是生死之交，一起喝过酒。拥立新君可是头等大事，你们可要小心了，出了岔子可是要满门抄斩的！"众人一听，大眼瞪小眼，小眼瞪眯缝眼，不知道眼前这个女人说的是真是假。王美人毫不含糊，立即转身回府把隐藏在屏风后边的李瀍推到众人面前。果然，李瀍高大魁梧，所言不虚。神策军被彻底忽悠住了，立马拥李瀍上马，护送至少阳院。看到李瀍，仇士良恨不能拿头撞墙。骂了一通后，也只好将错就错，册立颖王为皇太弟。几天后，李瀍即位，是为唐武宗。

《唐阙史》记载的真实性存疑，但可信的是李瀍（后改名李炎）确实当了皇帝，于正月十四日即皇帝位，即唐武宗，时年二十七岁。

第十三章

恢复相位

　　七月，朝廷从淮南召回李德裕，淮南节度使由李绅代替。九月，朝廷任命李德裕为门下侍郎、同平章事，位居宰相。李吉甫和李德裕不仅是历史上为数不多的父子宰相，而且他们还有着不可思议的巧合，这也算是件奇事。

　　808年，五十一岁的李吉甫被宦官所抑，出任淮南节度使；811年，李吉甫五十四岁，离淮南节度使任，被召入朝拜相。

　　837年，五十一岁的李德裕由浙西观察使奉诏调任淮南节度使；840年，五十四岁的李德裕离淮南节度使任，被召进京，入朝拜相。

　　30年前与30年后，父子二人的相同经历，居然如此巧合。然而，出乎意料的是，在历史上，他们父子竟然也被紧紧联系到一起，被人们冠以"牛李党争"的、长达四十年的两个权力集团的争斗，却也通常被认为是从李吉甫做宰相时开始的。

　　唐武宗即位之初，胸怀壮志，奋发图强，想要有所作为。他读书虽然不如文宗，但是他更能知人善任，而且也少了一些书生意气和迂腐，能够面对现实，很多时候他敢于向宰相当面认错，尤其是他信任和重用李德裕，使得他们君臣在会昌年间内忧外患交织的时刻，能够沉着应付，渡过难关。

李德裕做了宰相之后，希望唐武宗能吸取历史教训，积极向唐武宗进言。

李德裕进言的主要内容，总括《新唐书》与《资治通鉴》所载，大要为：其一，为治之要，在于分辨群臣的邪正。这是根据文宗朝朋党纷争的具体情况而言，认为此事首先应明确，否则一些有作为的贤臣旋进旋退，甚至被指为朋党而被贬被免，则一切兴革之举都是空谈。李德裕这里提出分辨正邪的标准，认为正人如松柏，独立而无所依靠，小人则"必附他木"——这是暗语小人者，必须依靠和交接宦官才得以升迁，这在中晚唐的实际情况中是可以被理解的，也是李德裕对肃宗、代宗以来朋党斗争带有普遍现象的总结。其二，朝政应归中书，也就是归于宰相及其属下的一套官僚机构。宰相如果不忠，当免职；如果忠而有才，就应当加以信用，并对德宗、文宗朝"政出他门"的弊端给予批评。这实际也是对宦官干政的一种抑制。其三，宰相任职的时间不宜过长，并举出开元时辅相率三考撤去，当时贤相如姚崇、宋璟等也不能逾越这个规定，等到李林甫任相十九年，天宝的政事遂及祸败。李德裕的这些主张，在封建社会中极为难得。

李德裕请求唐武宗明察是非，意在清除背后的奸邪之敌，解除后患。遇到知遇明君，他推心置腹，坦诚相待，肝胆相照，这些都在表明，李德裕想要重振雄风，再施展经纶天下的远大抱负。

这一年，李德裕的儿子李烨结婚，其妻郑珍，荥阳荥泽人。

当时李烨十五岁，郑珍十四岁。身为宰相的李德裕没有为儿子的婚事大操大办，一切从简。当时想巴结李德裕的人很多，有些人想送重礼贿赂李德裕，都被他委婉地拒绝了。

这年，李德裕专门设家宴款待枢密使杨钦义，如今李德裕已是宰相，杨钦义不胜感激，他愧疚地说："当年你送我的东西，我还是退还你吧。"李德裕摆摆手说："我还是那句话，不值几个钱，你要退我，就是看不起我。"杨钦义心里非常感动，并说以后有啥事需要我帮忙的，尽管吩咐就是。

当年，李德裕在淮南任节度使时，杨钦义为监军宦官，皇帝下诏让他进京，大家纷纷猜测监军宦官杨钦义此次进京一定是高升做枢密使。对于此种猜测，李德裕也认为不会是空穴来风，不过处事稳重多谋略的他没有和其他趋炎附势的人一样去对还没升官的杨监军直接套近乎。一方面要避嫌，另一方面也不能太无动于衷，这就考验李德裕的政治智商了，因为如果主动巴结杨钦义，说不定自己回朝再当宰相的愿望就能实现了。

李德裕采取的是"欲擒故纵"的策略。作为地方长官，李德裕对杨回京的事表面上表现得颇为冷淡，接待他如同平常一样公事公办，并未增加特别的礼节，更加没有多送金银财宝，这当然引起杨钦义的痛恨。

不料，不久后的一天，李德裕却杀了个回马枪，单独宴请杨钦义，并在节度使府正厅举行盛大酒会为他饯行，情礼极厚，单是送给他的古玩珍宝就堆满了几张大床，杨钦义当然是喜出望外，哪还有什么怨气？而历史的戏剧性就在于，当杨钦义兴致勃勃进京行到汴州时，朝廷却下诏叫他哪儿来的回哪儿去，高升之事算是泡汤了！这回可糗大了，回到淮南的杨钦义连忙把李德裕送给他的珍玩如数奉还，李德裕却坚决拒收。言外之意就是，大家山水有相逢，何必算计得那么精呢？果然这是一次非常精准的政治投资，因为不久后杨钦义就被任命为枢密使，成了宦官头面人物，终于咸鱼翻身，时来运转。

李德裕接近宦官杨钦义有他自己的打算，当时宦官权势很大，他虽然痛恨宦官干涉朝政，但他也是为了自己，利用宦官站稳脚跟，知己知彼，他这是一种因势乘便的政治谋略。

唐武宗即位不久，仇士良等人因有拥立之功，在朝廷上很是跋扈，在仇士良等人的胁迫下，武宗大开杀戒。文宗的妃子杨氏、陈王成美、安王溶等潜在的政治对手均被赐死。在开成五年（840年）八月为文宗举行的安葬典礼上，仇士良又把枢密使刘弘逸等杀死，以解除对其权势所造成的威胁。仇士良又胁迫武宗要杀被贬出京城的杨嗣复、李珏，唐武宗只好下旨，派遣使者赶赴潭州、桂林去杀害他们。户部尚书杜悰得知这个消息后，当即告诉李德裕，说："皇帝毕竟年少，刚刚即位不应该这样草率地诛杀大臣。"

李德裕深知唐武宗皇帝性格刚毅，勇于决断，立即与崔琪、崔郸、陈夷行接连三次上表解救，又请枢密使杨钦义到中书省，让他也去劝说唐武宗皇帝，说："当年，先朝德宗皇帝怀疑刘晏曾想改立他人为太子而杀死了他，京城内外都认为是冤枉，河南、河北一带不臣服朝廷的人因而感到恐惧，并以此成为他们对抗朝廷的借口。德宗后来追悔莫及，只好封赏刘晏的一些子孙做了官。先朝的文宗皇帝怀疑宰相宋申锡勾结藩王，贬职流放以至于死在外地，后来文宗皇帝想起这事，非常后悔，以至于伤心落泪。杨嗣复、李珏如果真有罪，那么恳请皇上把诛杀他们改为重加贬斥吧。如果实在不能宽容时，也应该先审讯，等到调查清楚了，再杀也不迟。现在皇上也不征求一下大臣的意见，突然就派人去诛杀他们，朝廷上下无不感到震惊，希望皇上能打开延英殿的大门召见我们参与讨论。"

一直等到下午，唐武宗皇帝才在延英殿召见李德裕等人。李德裕流着眼泪说："皇上对此事应该慎重行事，不要做后悔终生的事。"唐武宗皇帝说："朕不后悔！"并再三让他们坐下。李德裕说："我们几个大臣希望皇上赦免他们两人死罪，不要使他们死了，而众人都以为他们死得冤枉。现在没有等到皇上的圣旨，我们不敢坐。"过了好久，唐武宗说："特意为你们而赦免他们之死。"李德裕等人很是高兴。唐武宗请他们上殿坐下，说道："这事如果是言官们上谏，即使上一千份奏章，我也不会赦免的。"李德裕向皇帝再拜致谢。

唐武宗皇帝感叹道："当初，我即位之时，这些做宰相的人何曾参与出过力，不出力倒也罢了，却不该各怀鬼胎：李珏、薛季棱意在拥立陈王，杨嗣复、刘弘逸意在拥立安王。拥立陈王是文宗皇帝的遗愿，拥立安王是杨妃的意思。杨嗣复还给杨妃写信说：'姑母为何不效法先朝的武则天女皇来主持朝政呢？'以前假如他们拥立安王的阴谋得逞，我哪里还会有今天的皇位呢？"李德裕等人说道："这是皇帝家中的事，模糊不清，真假难知。"唐武宗皇帝又说道："杨妃曾经有病，文宗听任她的弟弟杨玄思入宫侍奉了一个多月，因此得以沟通图谋。我曾详细地询问了宫内之人，情况明显，并非有假。"于是，唐武宗下令追回诛杀杨嗣复、李珏的两路使者，改为贬降杨嗣复为潮州刺史，李珏为昭州刺史，裴夷直为欢州司户。

李德裕这一次救杨嗣复、李珏的事件，再次表现了他大公无私和正气凛然的政治家容人气度。杨嗣复、李珏都曾倾向李宗闵一派，然而他们遭受仇士良的陷害时，李德裕挺身而出不计前嫌，以朝廷大局为重，把个人恩怨抛在一边，执着无畏地恳求赦免他们。

唐武宗与文宗爱好不同，文宗喜欢声色歌舞，武宗却喜欢骑马游乐，还常常带着他宠爱的那位邯郸舞姬出身的王才人到教坊饮酒作乐，与乐人谐戏，就好像参加老百姓家的宴席一般。但又和敬宗无节制地游乐不同，唐武宗并没有沉湎其中，声色自娱过程中他时刻保持清醒的头脑，没有因此耽误了国家大事。但李德裕担忧唐武宗"贪玩"耽误了国家大事，就上表说："人君动法于日，故出而视朝，入而燕息。"希望皇帝不要游乐、打猎到深夜，应当节制。

唐武宗没有生气，认为李德裕说得有道理，他就尽量减少外出游乐了。

唐武宗会昌元年（841年），李德裕兼左仆射。不久，李德裕晋升为司空。

第十四章

铲除宦官

　　唐武宗即位后，也想铲除宦官，摆脱宦官势力的掣肘，他被宦官仇士良等人拥立为皇帝，正是因有拥立之功，仇士良等人在朝廷上很是跋扈，在仇士良等人的胁迫下，他大开杀戒，潜在的政治对手均被赐死，甚至连对他构成威胁的宦官也不放过。在为文宗举行的安葬典礼上，仇士良又把枢密使刘弘逸等杀死。

　　唐王朝可以说是在覆灭的边缘不断徘徊，而这样的情况似乎成了唐朝中晚期历史的一个真实写照。其中，发生于唐文宗时期的"甘露之变"，便是这段历史时期的一个真实缩影。"甘露之变"使得唐朝皇帝的权威降低到了前所未有的境地。确切地说就是唐文宗当时完全成了一个受宦官控制的傀儡皇帝。唐文宗皇帝权柄的旁落，所跟随的则是整个唐王朝国势的衰败，以至于文宗一朝"宦官气益盛，迫胁天子，下视宰相，陵暴朝士如草芥"。可见，唐文宗在位时期，唐朝已经展现败亡的迹象。唐武宗继位后旋即改变了此前唐王朝的颓势，重振了唐朝皇帝的权威。历史上则将唐武宗在位的这段历史时期称为"会昌中兴"。

唐武宗在位的短短六年时间里能够复振唐王朝，很大程度在于唐武宗摆脱了宦官势力的掣肘。相对于唐文宗来说，唐武宗更懂得如何制衡遏制宦官的势力。历史上唐文宗对宦官势力采取的是强力遏制的手段，到唐武宗时，则采取了相对柔和的方式。而这样的怀柔之术，无疑为复振国势奠定了一个很好的基础。

不同于唐文宗，唐武宗继位后先后采取了两种方法来削弱宦官对朝政的影响，并取得了很大的成果。唐武宗深知宦官势力盘根错节，所以在对付前朝宦官仇士良的时候，采取了名义上重视，实则冷淡的方法。唐武宗赐予仇士良纪功碑，并诏令右仆射李程为他撰写碑文，加官晋爵。与此同时，唐武宗在位时期，还大力提高宰相的权威，增强中书省的职能，这使得宦官的权势进一步得到遏制。

唐朝后期，南北司（北衙宦官与南司翰林）之间的矛盾十分尖锐。在这样的政治背景下，宰相如果依附宦官当然会遭士人白眼不得人心，被认为是叛徒；但反过来，如果南司士子没有被掌握实权的权宦推荐，又根本不可能当上位极人臣的宰相。南北司本身都是唐朝政府的重要组成部分，却分裂成两大政治势力和流派，这本身就是一种弊政。而皇帝若不能协调此种矛盾，便很难在朝政上有所作为。实际上只有极少数较有作为的朝官可以扫除这种障碍，李德裕就是其中的佼佼者。他与唐武宗的合作被史学家誉为"君臣相知成晚唐之绝唱"，李德裕与宦官势力的微妙博弈也值得探究。

无可否认，作为唐代"牛李党争"中李党的核心人物，可以说唐武宗在位的六年是李德裕政治生命中最辉煌的六年，这六年里他外平回鹘、内制宦官，定昭义、汰冗官、助灭佛，可谓是功绩显赫，也由此跻身大唐名相行列。

为何在晚唐宦官专权、朝官被视同草芥的不利情况下，李德裕能突围力挽狂澜，"摆平"宦官集团完成唐朝最后一次的华丽转身？

借助于父亲的威望，李德裕初入政坛一帆风顺、所向披靡，原本雄才大略的李德裕是不屑攀附宦官的，并曾以此嘲笑过依附宦官的牛党诸公。但此后经历了多次官场沉浮的李德裕心里非常明白，那就是必须处理好与执当时大唐政治牛耳的宦官集团的关系。否则纵有李训、郑注的传奇智谋和满肚子诡计，也逃脱不了"甘露之变"失败的命运。因为宦官集团已经作为一种根深蒂固的政治势力深深渗透到了李唐王朝的方方面面，甚至于当时各地的节度使和官员都是通过重金贿赂神策军中尉获得官职，然后到了地方加紧盘剥百姓达到收支平衡的。

李德裕被李训、郑注排挤出局，被贬任淮南节度使之时，他早已不是青涩时代的那个李德裕了，此时的他做事胆大心细，绵里藏针，对时局也有深刻的认识。

李德裕在宦官掌实权的时期能突围而出成为"万古之良相"，这当然需要高超的政治平衡力，他巧妙地和宦官周旋，悄悄地扩大南司地盘，再图和宦官分庭抗礼。

著名历史学家范文澜曾评析，如果说唐武宗取得"会昌中兴"优绩与李德裕的运筹帷幄分不开的话，那么李德裕"采取适当的态度对待宦官，是他相业有成就的一个重要原因"。李德裕对宦官的态度，不是那种赤裸裸地巴结和讨好，而是恩威并施地带点亦友亦情的平等关系。

由于李德裕的被重用，仇士良非常憎恨他。李德裕也不喜欢仇士良，在他眼里，仇士良就是小人，仇士良擅权揽政二十余年，一贯欺上瞒下，排除异己，横行不法，贪酷残暴，先后杀二王、一妃、四宰相，使当时朝政变得更加昏暗和混乱。"甘露之变"唐文宗欲借李训等大臣除掉宦官仇士良，老奸巨猾的仇士良却挟持了文宗皇帝，诛杀了一众大臣，拥立了新皇帝。

李德裕深知宦官势力盘根错节，如果直接硬碰硬，吃亏的还是自己，他跟唐武宗商议后，说了自己的想法，唐武宗同意了。

李德裕就在宦官杨钦义面前故意说："现在朝廷军费开支很大，宰相府与度支商议起草诏令削减禁军的衣食和马的草料。"

杨钦义说："不妥吧？"

李德裕说："现在都已起草好了，就等皇上同意了。"

杨钦义就把这消息告诉给了仇士良。仇士良得知后，大为震惊，企图唆使禁军士卒趁机作乱，妄图挤走李德裕，于是对手下众人说："这样的话，诏令下达之日，士兵一定会在丹凤楼前喧闹。"因为几天后唐武宗皇帝要在丹凤楼前宣布敕令。

李德裕在仇士良身边安插有耳目，李德裕很快得知了消息，急忙向唐武宗皇帝请求打开延英殿让他们自己申诉。

唐武宗得知此事后，立即打开延英殿，召集宦官开会。唐武宗皇帝向左、右神策军宣告："敕书上本来没有此事，况且敕书都是出自朕本人的意图，不是出自宰相，你们怎么能够这样造谣，胡说八道？你们这话是从哪里得来的？"

大家面面相觑，没人敢说话。

神策军士卒闻言不敢轻举妄动，仇士良的阴谋破了产。仇士良等人惊慌失措，只得表示谢罪。仇士良的威信顿时在大家面前丢尽，因为大家也看出来了，皇帝名义上重视他，实则对他也越来越冷淡了。皇帝突然大力提高宰相的权威，增强中书省的职能，这使得宦官的权势被进一步遏制。

此后，仇士良完全察觉了唐武宗对自己外示尊崇、内实忌恶的态度，他感觉大事不好，整日惶惶不安，暗想：自己曾权倾一时，满朝树敌，现在不如暂且退避，也好免去杀身之祸，以保全荣禄。于是，仇士良以衰老多病，向皇帝提出请求散秩的要求，唐武宗给了他个"内侍监"，让他管理内侍省的事，仇士良也只好借坡下驴。不久，仇士良又提出要告老还乡，唐武宗无意挽留，顺水推舟，答应了他的要求。

仇士良临行的那一天，宫中宦官为其举行欢送会。当酒酣耳热之际，仇士良回顾了自己四十余年的宫中生涯，把他行之有效、使自己"恩礼不衰"的一套宦官弄权术，明白无误地传授给了他的徒子徒孙。仇士良城府极深地说："你们对待皇帝，绝不能让他闲着。他一有空闲，势必就去看书，或去接待儒臣，结果就采纳朝臣的建议劝告，增添智慧，也就不去追求吃喝玩乐了。这样一来，对我们这些人就不会宠信了，我们也就不能专权了。为了替诸位今后的前程打算，我告诉你们一个好办法，也是我的经验之谈：要想尽办法弄钱财以供皇帝挥霍，要设法成天让皇帝追求声色犬马游猎，叫他每天都只想着如何吃喝玩乐，如何极尽奢侈之能事，不留出一点空闲时间，让他在吃喝玩乐中流连忘返。这样，皇帝就无暇去听什么经术学问了，对于享乐刺激之外的一切政事，也就不闻不问了。这样一来，凡事全听凭我们摆布，宠信和权力还能跑到什么地方去呢？"这番话，使得在场的宦官个个茅塞顿开，如获至宝，纷纷向仇士良行礼致敬。当然，仇士良只谈出了秘诀的一半，而没有说出来的另一半，就是牢牢控制神策军，用禁军威胁朝廷。

仇士良临行前的这一番自白，淋漓尽致地勾画出一个窃国弄权宦官的罪恶嘴脸。仇士良毕竟老了，不久就寿终正寝了。但他留下的那套挟制皇帝获取"恩礼不衰"的宦官弄权秘诀，却被"其党遵用其术不变"。

同年六月，仇士良去世，终年六十三岁，唐武宗追赠其为扬州大都督。

会昌四年（844年），宦官中有人告发仇士良图谋不轨，并在他家中搜出兵仗数千，金玉珍宝无数。唐武宗即下诏削其官爵，没收其家产。

第十五章

斗智斗勇

　　唐朝和黠戛斯部落一直非常友好，唐史中记载的黠戛斯还有个标志性事件。公元 648 年，东突厥已经灭亡，一支来自唐朝西北数千里、今俄罗斯叶尼塞河上游地区的黠戛斯朝贡团，在其酋长失钵屈阿栈的率领下，抵达了唐朝首都长安。那时来自四面八方的朝贡团络绎不绝，但这支黠戛斯使团有点特别，他们除了朝贡之外，还肩负着"认亲"使命。那时唐朝强大名声传播于四海，以至于远在西伯利亚的部族都来认亲。黠戛斯酋长自称是李陵的后裔，与唐朝皇帝是同民族，要跟唐朝皇帝"认亲"。因为李陵是陇西成纪人，西汉名将李广之孙。而唐朝皇帝的先祖也出自陇西成纪，亦同为李广之后。

　　唐肃宗时期，黠戛斯部落被逐渐崛起的回鹘国（回鹘即回纥）打败。从此以后，黠戛斯部落无心也无力和唐朝联系，算是彻底疏远了。

　　其时，黠戛斯的酋长阿热在青山建立牙帐，距离回鹘国牙帐还很远。回鹘国的西邻黠戛斯部落原本就民风彪悍，打起仗来十分勇敢，所以吐蕃和回鹘两个让大唐军队都怵三分的强国只得准备很多金银财宝及和亲来贿赂他们，还授予其尊贵官位名号，大加笼络，以减少边境军事摩擦。比如文成公主与吐蕃松赞干布和亲，开创了唐蕃交好的新时代。

大唐的和亲政策曾经奏效，彼此倒也相安无事了一阵子。不过回鹘国衰落以后，打仗很有一手的阿热可能是因为收到的贿赂逐渐少了，于是野心开始膨胀，甚至自称为可汗，不再臣服任何势力和任何人。

阿热这样干，当然也算是不公开向邻居宣战了，回鹘人当然很不高兴，想给黠戛斯一点颜色看看，于是回鹘国派宰相率大军攻打黠戛斯，这一打就是二十多年，重创了曾经不可一世也十分善于打仗的回鹘人，从此草原形势逆转。

胜券在握的黠戛斯头领挑衅回鹘可汗说："你们的回鹘已经到了穷途末路，是我案板上的肉，我想什么时候吃就什么时候吃，我将率军一鼓作气打到你们的金帐（回鹘可汗居住的牙帐）里，要么让你订城下之盟，要么把你们斩尽杀绝！"

曾经强大的回鹘最终被勇猛异常的黠戛斯军攻破，诸部像被捅破了巢穴的蚂蚁一样四处溃散。接着内讧也就来了，回鹘宰相掘罗勿杀死彰信可汗，拥立特勒为新可汗，这引起了回鹘国一个名叫录莫贺的偏将的不满，于是勾结黠戛斯十万骑兵攻打掘罗勿，结果掘罗勿大败，他自己命也没了，回鹘国的牙帐尽数被焚。

就这样，曾经强大的回鹘国群龙无首乱成一团，各个部落也只好三十六计走为上，树倒猢狲散，有的投奔葛逻禄，有的投奔吐蕃国，另一支逃到安西。

唐武宗即位之年，回鹘可汗的贵族兄弟嗢没斯等人以及宰相赤心、仆固、特勒那颉啜，各率自己的部落兵马抵达唐朝天德军的塞下，依靠和杂居这一地区的各族部落进行边贸讨生活，同时请求内附唐朝。为此天德军使温德彝向唐廷上书："回鹘逃兵进逼西受降城，逃兵很多，人喊马嘶，连绵六十里，浩浩荡荡，烟尘滚滚，看不到尾。因为回鹘国的逃兵大举侵扰，大唐边民都恐惧不安，怕回鹘生事，请朝廷加强边防力量。"一收到此种十万火急的边防文书，唐武宗立马下令振武节度使刘沔出兵屯守于迦关，军旗猎猎以防回鹘突袭。

立功心切的天德军使田牟、监军韦仲平也想趁机出兵攻打遭受灭顶之灾还没回过神来的回鹘军，于是也上书称："回鹘叛将嗢没斯等侵逼塞下，吐谷浑、沙陀、党项皆世与为仇，请自出兵驱逐，以保大唐边疆平安。"这和温德彝的想法如出一辙，聪明能干的强力宰相李德裕立马就看出了其中的"猫腻"，这些沽名钓誉之徒为了一己私利想让国家陷入战争泥潭。于是力排众议，坚请天子约束好"好战分子"田牟，绝不能邀功生事，捡了芝麻丢了西瓜，得不偿失。

回鹘曾经是有大恩于大唐的友好邻邦，曾多次出兵救大唐于危难，安史之乱时回鹘还帮助大唐消灭叛军，现在回鹘部落四分五裂、穷途末路之时远来归附大唐，正是改善关系的千载难逢的机会。李德裕还特意撰写了《赐背叛回鹘敕书》，劝其停止侵扰边境，回归故土，亦令唐之守将不许与回鹘交兵。

会昌二年（842年）二月，回鹘在边界上设立衙署，派使臣向唐朝求助军粮，以收复本国，并暂借天德军镇以安顿太和公主（唐宪宗之女，和亲公主）。这时的天德军镇守使田牟，呈请朝廷借助沙陀、吐谷浑诸部落的军队攻打乌介可汗。唐武宗主意未定，下诏群臣商议此事，参与商议者大多主张照田牟的奏请办。

文武百官都认为嗢没斯等叛可汗而来，不可受，"宜如牟等所请，击之便"。的确，连自己的主人都可以叛变，这种不仁不义的人，怎么能收留呢？说不定归附是假，行不轨是真，当然不能接受他的归顺，不然的话追悔莫及。

看到文武百官如此态度，唐武宗一时也不知道该怎么办，为难之际只好问自己非常信任的李德裕，看看他有什么办法。

李德裕有理有据地说道："为了显示大唐的仁慈和诚意，朝廷应当立即派遣使者前往安抚他们，赈济钱粮让其安然渡过难关，而不是攻打他们，这也是当年汉宣帝之所以能臣服匈奴呼韩邪单于的英明策略。不如姑且接济他军粮，慢慢观察他的变化。"

陈夷行振振有词地反驳说："这是借给盗贼粮食，不如出兵驱逐。"

李德裕还是不慌不忙地说："天德城仅有一千多士兵，若打了败仗，此城就会陷落。不如用恩德与大义对回鹘进行安抚，才不至于对大唐造成威胁。"

唐武宗最终同意了李德裕这一主张，准许借米三万石给回鹘。

不久，回鹘宰相嗢没斯杀了赤心宰相，率领他的部众降唐。赤心的部族又投奔幽州，乌介可汗势单力孤。

李德裕文武双全，他不仅是一个儒将，军事上也有策略，正是他坚持己见，避免了边将因邀功请赏而轻举妄动，危及大唐边事的行为，通过分化瓦解敌军，集中力量打击主要敌人，公元843 年大破侵扰天德、振武的乌介所部，嗢没斯等也顺利入朝归附，任归义军军使。

　　却说李德裕以高超的政治演讲艺术说服了天子和文武百官之后，唐武宗便下诏命鸿胪卿张贾为巡边使，探听回鹘情况，久未返回。

　　看到张贾迟迟不回来复命，唐武宗忐忑不安地问李德裕道："嗢没斯等请降，可保信乎？"

　　李德裕回答道："朝中之人，臣不敢保，况敢保数千里外戎狄之心乎！然谓之叛将，则恐不可。若可汗在国，嗢没斯等率众而来，则于体固不可受。今闻其国败乱无主，将相逃散，或奔吐蕃，或奔葛逻禄，唯此一支远依大国。观其表辞，危迫恳切，岂可谓之叛将乎！况嗢没斯等自去年九月至天德，今年二月始立乌介，自无君臣之分。愿且诏河东、振武严兵保境以备之，俟其攻犯城镇，然后以动力驱除。或于吐谷浑等部中小有抄掠，听自仇报，亦未可助以官军。仍诏田牟、仲平毋得邀功生事，常令不失大信，怀柔得宜，彼虽戎狄，必知感恩。"李德裕的大概意思就是：朝廷百官能否个个讲信用我尚且不敢保证，何况千里之外的戎狄呢！不过有一样我是敢肯定的，嗢没斯等人应该不是背叛回鹘。因为回鹘国败无主，大将和宰相都逃跑了，有的投奔吐蕃，有的投奔葛逻禄，嗢没斯带残部远来依附大唐。因为回鹘的可汗已经没了，嗢没斯率部来投降当然不算是叛国投敌。而且从他们请求归附的上表里感觉他们处境很窘迫，归附也成了唯一出路。再说嗢没斯去年九月就抵达天德，而回鹘今年二月才新立乌介可汗，自然不算是君臣关系，何叛之有？所以希望陛下不要太慌张猜疑，只要命河东、振武两道严兵卫边，即使回鹘进犯城镇，也能以充足的兵力驱逐之。如果回鹘对吐谷浑等其他部族加以掠夺，就让他们为了各自利益相互残杀好了，我们可以隔岸观火作壁上观，连官军都不用出动，这叫作借力打人。同时约束田牟等人不得生事偷袭回鹘，而是采取笼络和安抚政策，不要失信于人。回鹘虽然是不通礼节之蛮夷，也会对朝廷感激不尽的。

李德裕有理有据的分析，终于打消了唐武宗的疑虑，给他吃了定心丸。

话说当初骁勇无比的黠戛斯打败回鹘以后，俘虏了下嫁回鹘的大唐太和公主。他们一直自认为是汉朝李陵的后裔，应该是和唐朝皇帝同宗同门，所以就派遣达干十人护送公主回唐。

正当他们走到半路，不幸的事情发生了。回鹘新立的乌介可汗为报私仇，带兵埋伏于路上，对他们进行突然袭击，结果黠戛斯达干都被杀死。

之后，狡猾的乌介可汗以太和公主作为人质，鬼鬼祟祟地越过茫茫沙漠往南迁移，趁机屯兵于天德军北境。在乌介的授意下，太和公主派遣使者上表唐廷，说回鹘国新可汗已经继位，请求朝廷按照固有礼仪进行册封。与此同时，乌介可汗又让自己的宰相颉干迦斯等人上表唐廷，鉴于回鹘国内的重大变故，请求暂借振武城，以便让太和公主和乌介可汗安稳居住，以示友好和同舟共济，这个明显是得寸进尺的无礼要求，理所当然地遭到唐武宗的拒绝。

在领土问题上毫不含糊的唐武宗修国书一封，斩钉截铁地一口回绝了乌介可汗，没有任何商量余地。

回鹘乌介可汗不罢休，令回鹘兵至衡水，烧杀抢掠，李德裕上表请令刘沔、李忠顺进击，并给乌介可汗警告。针对回鹘对大唐边境的骚扰，李德裕又上表《条疏应接天德讨逐回鹘事》，文末尾云："臣等商量，若待天德奏到，已恐不及事机，望付翰林，各撰密诏，令中使向前审读详事势。如已接战，便须准此处分。如蒙允许，其石雄便须今日降敕。"文后注"会昌二年四月十八日"。由此可见李德裕办事雷厉风行，绝不拖泥带水。李德裕应付回鹘侵夺之对策大要为：一、以石雄骁勇善战，请授天德军都防御副使，佐助田牟功讨。二、田牟不得出兵野战，致使城内空虚，应坚守城垒，等待救兵。三、及早授予嗢没斯官爵，并令边将联络吐谷浑等部落，合力进击乌介部。四、优待俘虏，给予粮食。

同时，李德裕又上表请赐幽州张仲武诏，让他联合令奚、契丹同力讨伐赤心的残兵败将，把他们赶出大唐边界。

嗢没斯归附大唐后，朝廷在李德裕的建议下，终于任命嗢没斯为左金吾大将军、怀化群王。嗢没斯又召集了其他几个部落及几个弟弟为归义军，嗢没斯充军使，并改名为李思忠，共同竭力保卫大唐的边界。

大唐对嗢没斯部落的处理，主要出于李德裕的谋略。嗢没斯原也是回鹘的一支，但与乌介可汗有矛盾，较倾向于唐朝，但其初到边界时，边将及朝中诸臣多主张出兵消灭嗢没斯部落，唯李德裕主张不能轻率用兵，主张安抚，并接济他们粮食。这就使嗢没斯逐步归降大唐。李德裕妥善处理此事，使唐边境减少一部分敌对力量，以便能集中力量打击对唐骚扰不断的乌介部。

乌介部依然不停骚扰大唐边境，为了彻底消灭乌介部，李德裕上表《讨袭回鹘事宜状》，建议令石雄率少数精兵强将骑兵，夜袭乌介营，当可获得成功。上表二十余天，没有得到皇帝答复，李德裕心里明白一定是遇到了阻力，与其掖着藏着，还不如开诚布公讨论。在李德裕的提议下，皇帝八月二十七日召集公卿会议，商讨如何对付乌介部入侵事宜。

当时朝中对如何处理回鹘侵边，意见分歧，而主张消极避战者，则以牛僧孺为代表。李德裕连续写了《公卿集议便须施行其中有未尽处更令分析闻奏谨具——如后状》《牛僧孺等奉敕公卿集议便须施行其中有未尽处须更令分析谨边如前状》加以辩驳。

牛僧孺等可称为此次抵御回鹘入侵的消极派，他们认为此时唐朝兵力根本不可能与回鹘一战，李德裕则针锋相对地加以质问，请他们作出具体的回答。而这正是牛僧孺等所害怕也最不能回答的，因为他们对这次防御部署毫无所知，只是夸夸其谈而已。李德裕认为在这次讨论中"最关取舍大计"的是"来即驱逐，去亦勿进"这样一种论调，这完全是一种被动应付的消极措施。回鹘是游牧部落，长于驰骋野战，如果退走而不加进击，实际上是给他们恢复元气，以求再犯的机会，而唐朝则势必"军粮日有所费，边境终无安宁"。这牵涉到根本战略问题，因此李德裕在此次进状中郑重提出，求得明确的解决，"须便堪行用"。

九月上旬，李德裕撰《授刘沔招抚回鹘使制》《授张仲武东面招抚回鹘使制》，正式任命二人为对回鹘作战的将帅，并令刘沔等采集藩马，充实军备，沿边各路兵马做好向前攻讨的准备。

李德裕一方面在朝廷中详细地分析对回鹘用兵的方略，批驳朝臣中畏敌避战的主张，建议唐武宗出兵征讨。唐武宗终于同意，遂征调许州、蔡州、汴州、滑州等六镇兵马出兵征讨。另一方面李德裕也作了实际的部署，先任命指挥将领，以刘沔为统帅，张仲武统率东面军，李思忠（嗢没斯）统率西南面军，而以太原为前线指挥中心。

李思忠请求与沙陀、吐谷浑等各族的六千骑兵联合攻击回鹘。于是朝廷下令银州刺史、蔚州刺史分别率领河东各族胡兵前往振武，接受李思忠的指挥。

　　这年十一月，昭义节度使刘从谏上表朝廷说："请求出动昭义步兵五千人参加征讨回鹘的战斗。"这时，唐武宗皇帝已得知失踪的太和公主就在回鹘，唐武宗皇帝下诏没有同意，不准刘从谏出兵。唐武宗皇帝派遣使者赐给太和公主冬衣，命李德裕起草书信给公主，信中说："先朝皇帝割弃所爱，让你远嫁回鹘可汗，用意是为了使国家得到安宁，认为回鹘一定能够抵御外来的侵犯，使唐朝边境和平。而今天回鹘的所作所为，极为违背常理，经常指挥骑兵南下，企图侵扰边境，难道姑母不害怕高祖、太宗的圣威神灵吗？不思念你的母亲太皇太后对你的仁慈亲爱吗？作为回鹘的祖母，足以能够指挥他们，如果回鹘不能听从你的命令，那么，就断绝姻亲的友好关系，从今以后，你再不得以姑母的名义进行交往！"

　　十二月，李德裕上书《请发河中马军五百骑赴振武状》《请发李思忠进军于保大栅屯集状》《赐刘沔张仲武密诏》等，做与乌介部决战准备，并催刘沔、张仲武进军。不久，李忠顺奏报击败了回鹘一部。

　　第二年正月，回鹘乌介可汗率领部众进逼振武，当时回鹘大肆劫掠，党项、吐谷浑等部都不敢抵拒。李德裕制定了奇袭乌介可汗、夺回太和公主的策略，并推荐猛将石雄，唐武宗便将方略告诉了河东节度使刘沔。刘沔按照李德裕的部署，派遣石雄和王逢率领沙陀、朱邪、赤心三部及拓跋族等的三千骑兵袭击乌介可汗的牙帐，刘沔率领大军紧随其后。

　　石雄来到振武，登上城楼观看回鹘有多少兵马，看到数十辆毡车，随从的人都穿着红色或绿色的衣服，像是汉人。于是，石雄就派出探子进行查问，回报说："那正是太和公主的帐幕。"

石雄派出使者转告太和公主说："公主到了这里，就是到了家里，应当寻求还归唐朝的途径。现在我们将要出兵攻打回鹘的乌介可汗，请公主与侍从相互保重，所乘的毡车都要停留在原地，不可乱动。"

石雄将城墙凿了十多个洞，在夜间领兵从洞中突然出击，直奔回鹘乌介可汗的牙帐，并进行攻击。因为天黑风大，唐军一直袭击到了他们的牙帐之前，回鹘兵才发觉。乌介可汗非常吃惊，也不知道来了多少唐军，四周都是风声和喊杀声，有种四面楚歌的感觉，他不知道如何是好，于是匆忙之间抛弃了物资，丢盔弃甲地逃走了。石雄率军奋勇追击，打败回鹘兵，乌介可汗也受了伤，差点被活捉，他乘着夜色与数百骑兵落荒而逃。

石雄迎接太和公主回归唐朝。

此战共斩杀回鹘将士一万人，另有回鹘各部族二万多人投降，这场战役重创了回鹘的主力部队。经此一战，回鹘元气大伤，一蹶不振，基本上解除了回鹘对唐朝北方边境的威胁，同时也提高了唐军的声威，维护了边境地区的稳定。

唐朝从唐文宗开成末年的回鹘临边危机，到稳定回鹘，招降嗢没斯，再到组织反击，彻底打败了乌介可汗率领的回鹘入侵兵士，李德裕始终全身心地投入这场政治、军事、谋略的斗争当中。大到朝廷对敌的战略决策，小到具体的军事进攻部署，以及选才用将、草制文告，李德裕表现出了一个杰出的政治家、军事家、谋略家的高明才智。他多次力排众议，明察时局，果断决策，运筹帷幄之中，决胜千里之外，并最终取得了这场反击战的彻底胜利，解除了困扰唐朝边境多年的回鹘入侵威胁问题。

第十六章

平定叛乱

　　会昌元年（841 年）九月，卢龙军乱。

　　据《新唐书》《资治通鉴》记载，牙将陈行泰发动兵变，杀节度使史元忠自立，但时隔仅一个月就被牙将张绛诛杀。张绛慑于张仲武威名，一度请其主持军务，但后来又改变主意，上书自请为节度使。张仲武大怒，起兵进攻幽州。张仲武，范阳（今涿州）人，其家族自祖辈起世代于幽州军中任职。张仲武自幼博览群书，尤精《左氏春秋》，后投笔从戎，官至蓟北雄武军使。为了名正言顺，张仲武于十月特派长史吴仲舒到京师长安，请求率本部兵马征伐张绛。

　　吴仲舒说服了宰相李德裕，经过权衡，李德裕又把自己的想法告诉了唐武宗，唐武宗非常信任李德裕，就按照宰相李德裕的意见，拜张仲武为卢龙军兵马留后，并命抚王李纮遥领卢龙节度使，允许张仲武率军平乱。张仲武以精兵八百人、土团五百人一举攻破幽州，诛杀张绛，平定了卢龙军乱。唐武宗旋即授张仲武为卢龙节度副大使、知节度事、检校工部尚书、幽州大都督府长史兼御史大夫，封兰陵郡王。张仲武时年五十余岁。会昌二年（842年）正月，唐武宗正式任命张仲武为卢龙节度使。张仲武就任后，其兄弟也布列要地。他将幽州重镇静塞军、永泰军分授予其兄张仲斌、其弟张仲至，以稳固自己的统治。

后来，张仲武担任卢龙节度使不久，回鹘大将那颉啜便统兵南犯掠边，张仲武在增强边地各城守备的同时，命其弟张仲至及裨将游奉寰、王如清等率军三万予以反击。此役，卢龙军一举击破回鹘骑兵，斩获不计其数，收降其部落七千帐，分配到各道安置，"杀戮收擒老小近九万人"。那颉啜中箭而逃，只身北窜，为乌介可汗所杀。挟战胜余威，张仲武又派大将石公绪兵进契丹、奚族两部，尽杀回鹘监使八百余人，从而恢复了唐王朝对两个部落民族的管辖。此后，张仲武又探知回鹘"欲入五原，掠保塞杂虏"的阴谋，于是将其派来假意结好的宣门将军等四十七人留下，使其计划不得实现，回鹘的人马大都病死，自此不敢再侵犯五原塞。

再后来，大唐准备反击回鹘，李德裕非常看好张仲武这位投笔从戎的大将，点名要张仲武统率东面军，配合刘沔和李思忠统率西南面军。李德裕没有看走眼，在反击回鹘的战斗中，张仲武立下了赫赫战功。

当朝廷准备攻打回鹘时，昭义节度使刘从谏得知消息后上表朝廷说："请求出动昭义步兵五千人参加征讨回鹘的战斗。"这本是一件好事，但李德裕不放心刘从谏，怕他以征讨回鹘的名义闹事。唐武宗皇帝下诏没有同意，不准刘从谏出兵。

刘从谏生性狡猾，凭借父荫，虽年少得名，但名声不好。唐敬宗宝历元年（825 年），父亲刘悟突患急病去世。刘从谏在担任将作监主簿的时候，隐瞒父亲去世的消息，拒不向朝廷报丧。他和大将刘武德以及亲兵密谋，打算以父亲的遗书上表朝廷，请求任命自己为留后。这时，司马贾直言责备刘从谏道："你的父亲当年杀死李师道，率淄青十二州归顺朝廷，功劳不小。只是由于擅杀磁州刺史张汶的缘故，自认为沾染上不干净的恶名，以致羞耻而死。你不过是个晚辈，怎敢如此大胆，欺骗朝廷！父亲死了不赶快吊丧哭泣，今后还怎样做人！"刘从谏恐惧，无言以对，于是公开父亲死亡的消息，为他吊丧。唐文宗太和六年（832 年），刘从谏入朝为官，累拜司空，封沛国公。本想归顺中央，目睹京城政令混乱后，暗生不臣之心。次年，返回昭义军，拜同平章事。开成元年（836 年），为参与甘露之变的宰相王涯上疏鸣冤，矛头直指权宦仇士良。此后，欲效河北三镇，谋求节度使世袭。虑及诸子年幼，朝廷任命其弟右骁卫将军刘从素之子刘稹为牙内都知兵马使。

刘从谏会来事，善于贿赂，当时李逢吉、王守澄等都接受过刘从谏的贿赂，加之刘从谏多次请求，唐敬宗最终任命晋王李普为节度使，下诏任命刘从谏主持昭义留后事务。因为晋王受皇帝宠爱，所以刘从谏源源不断地以礼相送，包括美色。刘从谏担任将作监主簿后不断升迁，历任云麾将军、守金吾卫大将军同正、检校左散骑常侍、御史大夫，兼任昭义节度副大使、知节度观察使，后又加授为金吾上将军、检校工部尚书。

太和七年（833 年）正月初六，宣武节度使杨元卿身体患病，朝廷商议由其他人前往替代，李德裕对刘从谏所作所为早有耳闻，请求任命刘从谏为宣武节度使，这样就可以把刘从谏从昭义调出，以免他和崤山以东的割据藩镇相互勾结。文宗认为不可。三月二十八日，任命左仆射李程为宣武节度使。

太和九年（835 年），大臣李训等人在唐文宗授意下密谋诛杀宦官郑注，事败，宰相王涯等人被灭九族。刘从谏素来与王涯关系很好，又痛恨宦官当权。

开成元年（836 年），刘从谏三次上疏为王涯等人鸣冤，请求赦免他们的罪行，并讥讽宦官。由于刘从谏手握重兵，又有威名，因此掌权宦官仇士良等人对他也非常忌惮。宰相郑覃、李石等人得以继续掌权，坚持发表自己的意见，以重新树立朝廷的威信。

此后，刘从谏与仇士良翻脸。刘从谏又弹劾萧本不是萧太后的弟弟。仇士良越发对他恨之入骨，声言刘从谏窥伺朝廷，扬言要密切监视刘从谏。刘从谏上表指责仇士良的罪恶，打算清君侧，反而引起了朝廷的不信任。

唐武宗即位后，刘从谏兼任太子太师，更加肆无忌惮。为了对抗仇士良，刘从谏招纳亡命，修整兵械，与昭义军邻接的藩镇都秘密地防备他。刘从谏为人生性奢侈，喜爱装饰自己的居室与车马。他没有远大的志向，只是擅长经商做买卖。把从长子进入潞州的道路改道，每年卖马并为商人征税，又做熬盐、倒卖铜铁的生意，因此每年累积十万缗钱的资产。某些商人的儿子献骏马、金币给刘从谏，立即被任命为牙将，让他们在自己管辖的州县经商。刘从谏在任节度使时残暴贪婪，常常命他的儿子帮他贷款，官吏有敢不从命的，就立即向刘从谏汇报。有人想禀告朝廷，刘从谏就派刺客暗杀，所以天下人对刘从谏都心怀怨愤，敢怒不敢言。

刘从谏和仇士良一直不和，李德裕也一直不喜欢他们，但他没表露出来，也不发表过分的言论，在他们面前故意装老好人。其实李德裕一直想铲除宦官仇士良和藩镇将领刘从谏，他们都是朝廷的隐患，李德裕是想利用他们之间的矛盾去制衡他们。

刘从谏主动出兵抗击回鹘，李德裕劝皇帝不要同意，唐武宗采纳了李德裕的意见，下诏没有同意，不准他出兵。刘从谏以为这么好的事皇帝一定会答应，没想到自己热脸碰了冷屁股，他深感不安，以为自己的小辫子被皇帝抓住了。因为他私下积极招纳逃亡在外的人员，修缮兵器，秣马厉兵，暗中戒备，以图对抗朝廷。刘从谏比他父亲刘悟有谋略，刘悟对百姓苛刻，刘从谏则宽厚相待，所以当地百姓都很拥护他。刘从谏知道皇帝喜欢骑马游乐，就把自己养了九尺高的汗血宝马献给了唐武宗，唐武宗不接纳。刘从谏怀疑这是仇士良从中作梗，大发脾气，怒杀了宝马，从此不再信任朝廷。听说仇士良恩宠方渥，更加忧虑困惑，想入朝理论，又害怕自己得罪了别人脱不了干系，因此忧郁生病。

会昌三年（843年），刘从谏病重，对妻子裴氏说："吾以忠直事朝廷，而朝廷不明我志，诸道皆不我与。我死，他人主此军，则吾家无炊火矣！"因其长期与朝廷对抗，担心死后被诛灭九族，乃与幕僚张谷、陈扬庭密谋，欲效法河北诸镇，以其侄刘稹为牙内都知兵马使，从子刘匡周为中军兵马使，孔目王协为押牙亲事兵马使，家奴李士贵为使宅十将兵马使，亲信刘守义、刘守忠、董可武、崔玄度分别统辖亲兵，企图割据一方，对抗朝廷。

四月，刘从谏忧郁病死，时年四十一岁，朝廷追赠为太傅。刘从谏的妻子裴氏召集军中大将的妻子饮酒，泪流不止，许多妇女请求命令，裴氏说："新媳妇都从你丈夫的字，不要忘记先公的提拔，不要仿效李丕忘恩负义，背叛国家。让自己的儿子和母亲相依为命，这使我情不自禁地就要悲伤。"这些大将的妻子也都流下眼泪，表示愿为裴氏效力。

刘稹接受昭义兵马使郭谊的建议，秘不发丧，自领军务。但纸包不住火，朝廷很快知道了刘从谏病故的消息。

刘稹只好上疏朝廷："亡父刘从谏为李训雪冤，言仇士良罪恶，由此为权幸所疾。臣父潜怀异志，臣所以不敢举族归朝。乞陛下稍垂宽察，活臣一方！"朝廷不听。在李德裕的建议下，唐武宗皇帝还特别召见了刘从谏的弟弟刘从素，让他写信劝说刘稹，但刘稹不予听从。

安史之乱以后，藩镇割据势力已成了唐朝的一种癌瘤，与唐朝廷的中央政府展开了长期激烈的斗争。他们表面上服从朝廷，但仍依仗强大的军事实力对抗朝廷，有相当大的独立倾向。

昭义镇又名泽潞镇，管辖着泽州、潞州、邢州、洺州、磁州五个州，三十一个县，东连山东要地，北接河朔三镇，南临东西两京，逼近京城；横跨太行山脉南端的东西两侧，地势险要，是兵家必争之地。如不及早铲除，一旦割据势力形成气候，酝酿叛乱，唐朝廷所面临的形势将会十分严峻。解决不了泽潞镇的问题，唐朝廷根本无法平定其他藩镇的割据势力。所以，李德裕痛下决心，要尽早解决泽潞镇的问题。唐朝廷在李德裕的积极主持下，顺利地解决了回鹘边境问题，而此时的吐蕃正日渐衰败，吐蕃首领去世后，发生内乱，导致自相残杀，元气大伤，已无力对抗唐朝廷，因此，唐朝的西部边境也得以稳固。恰在此时，昭义军镇节度使刘从谏去世，李德裕认为解决昭义镇的时机已经成熟了，于是决心解决朝廷这个潜伏已久的隐患问题。

李德裕也看出了刘稹的意图，刘稹欲效仿河朔三镇，要求袭任节度使。

唐武宗和大臣商讨对泽潞镇的事态该如何处理，宰相和大臣大多认为目前回鹘的残余势力还没有彻底消灭，如果这时再出兵征讨泽潞，国家的财力难以支撑，请求按照河朔三镇的惯例，任命刘稹暂时统领军镇的事务。

李德裕则力主出兵征讨，他说："泽潞镇深处国家内陆，与河朔三镇情况不同，不能让他们效仿河朔。刘从谏跋扈难制，多次胁迫朝廷，如今病死，又将兵权交给刘稹。如不讨伐泽潞，朝廷何以号令四方？如授刘稹为节度使，各藩镇必效仿其所为，从此天子威令何在？"他又道："刘稹依仗的无非是河朔三镇，只要魏博、成德不出兵相助，必能平定刘稹。陛下可遣使告诉二镇，让他们出兵攻取属于昭义军镇的山东三州。同时下令向全体将士宣布，平定叛贼之日，朝廷将给予优厚的官爵和赏赐。如果魏博、成德两镇听从朝廷的命令，那么刘稹一定会被活捉。"

唐武宗有点犹豫，一些朝臣依然反对出兵，请朝廷同意刘稹袭任节度使，宰相之中也有认为不宜出兵的。

李德裕道："如果师出无功，一切罪责由我一人承担。"

唐武宗深思熟虑之后，赞同了李德裕的意见。他命令李德裕起草诏书赐予成德节度使王元逵、魏博节度使何弘敬，其主要内容是：泽潞军镇与你们的情况不同，不能让他们作子孙世袭的打算，你们想要继续为朝廷效力，只要能为朝廷建立卓越的功勋，那时候幸福自然会荫及子孙。唐武宗称赞李德裕起草的诏书很好，说道："就应该这样明确地告诉他们，很好。"

王元逵和何弘敬接到诏书后，惶恐不安地明确表示，一切听从朝廷的安排，随时待命出兵。

李德裕力排众议，主张收复泽潞军镇，具有远见卓识，这是朝廷逐步消除藩镇割据势力，巩固并强化中央集权的整体战略大计，得到了唐武宗的赞同和支持。

这时，黄州刺史杜牧向宰相李德裕呈上了一封书信，提了很多很好的建议，李德裕在为朝廷制定讨伐刘稹的策略时，对于杜牧的意见也多有采纳。

李德裕对唐武宗皇帝说道："刘悟以前对朝廷有功，应该保全朝廷对他的礼遇，让朝廷百官进行讨论吧。"

唐武宗说："刘悟有什么功劳？当时只不过迫于形势来挽救自己的死亡而已，并不是忠心耿耿报效朝廷。他们父子二人担任了二十多年的将相，官居封疆大吏的要职，他们应该满足和感谢朝廷了，现在他还想跟朝廷对抗，凭什么又要自立为主帅呢？功是功，过是过，奖罚必须分明。"

李德裕点头说道："皇上说得非常有道理，朝廷对他们的确是已仁至义尽了。"

唐武宗接着说道："前朝文宗皇帝喜欢听朝廷以外人士的议论，谏官上疏言事大多不署名，就像是匿名信。"

李德裕说："我不在中书省的时候，文宗皇帝还不是这样的。他这样做是李训和郑注教给他控制臣下的手段，遂形成了风气。国君只需对他所任用的人开诚布公、推心置腹，一旦有人欺君罔上，就严格按照大唐刑律予以制裁，谁还敢呢？"

唐武宗回答："爱卿说得很对。"

这年五月，李德裕又上表说太子宾客、分司东都李宗闵与刘从谏曾交往密切，互通信息，不应当留在京城。于是，朝廷下令，任命李宗闵为湖州刺史。

宜早不宜迟，朝廷下诏取消刘从谏及其侄儿刘稹的官爵，任命王元逵为泽潞北面招讨使，何弘敬为南面招讨使，与陈夷行、刘沔、王茂元相互配合，共同讨伐刘稹。

六月，王茂元派兵马使马继等人率领骑兵二千人进驻天井关南面的科斗寨，刘稹则派遣其部将薛茂卿率领亲军二千人对阵抵抗。

唐武宗皇帝下诏令，命令何弘敬、王元逵、王茂元、刘沔、李彦佐五个军镇，在七月中旬共同进兵，如果刘稹请求投降都不能接受，必须活捉他，或者取他首级。

何弘敬、王元逵出兵后，李德裕又上表道："贞元、太和年间，朝廷伐叛。各藩镇出兵方才离开边境，军饷便由国家负担，藩帅便因此逗留不进。有的甚至与叛军密谋，夺取一县或一栅寨，便以为大捷。陛下可晓谕何弘敬、王元逵，只让他们收取州郡，不要攻打县邑。"李德裕之所以要提这个建议，因为他看到以前对河朔用兵，各藩镇感到士兵离开自己管辖的区域，一概由朝廷供给军资，有利可图。于是，有的藩镇军队就暗中与叛军勾结，借用一个县城、一个营栅暂时占据，作为自己的功劳，来坐待朝廷运输的军资享用，拖延时间。现在请皇上下诏令给各军，命令王元逵攻取邢州，何弘敬攻取洺州，王茂元攻取泽州，刘沔、李彦佐攻取潞州，不得攻取县城。唐武宗采纳了他的建议。

当时晋绛行营节度使李彦佐从徐州出发以后，行动迟缓，又请求在路上休整士兵，并向朝廷请求增援。

李德裕得知情况后，上表唐武宗皇帝："李彦佐顾望不前，左右观望，没有讨叛之意，建议由石雄取代李彦佐。"

不久，朝廷任命石雄为晋绛行营节度使副使，并再次下诏令李彦佐进驻翼城。

王元逵进击尧山，击败叛军援兵，李德裕则立即上表请唐武宗加授王元逵同平章事，以激励众将。

后来，昭义大将李丕投降官军，很多人都认为李丕是在诈降。李德裕道："用兵已有半年，一直无人来降。现在李丕来降，不管是真是假，都必须给予优厚的赏赐，以鼓励再来投降的将士，只是不能把他安排到重要的地方。"

不久，王茂元派马继等人率领骑兵二千人进驻科斗寨，遭到刘稹的部将薛茂卿率部袭击，薛茂卿焚烧、抢夺了 17 个小型军寨，还擒获了马继等将领。

消息传到朝廷，上下震惊，朝野议论纷纷，争执不休。有大臣纷纷上表，他们认为刘悟曾有功，不应断绝他的后代。况且，刘从谏训养精兵十万人，储备的粮食可以支撑十年，怎么能够攻取他呢？其他两位宰相也随声附和，唐武宗皇帝这时也开始犹豫了。

李德裕依然坚持自己的观点，他用诸葛亮和曹操也曾遭遇挫折的事例，说明或进或退，或胜或败，乃是用兵作战之中常有的事，只要皇上定下高明的战略决策，不要被一时的微弱胜负所动摇，坚定信念，那么就一定能够成功。最后，李德裕说："如果这次征讨泽潞失败，我李德裕愿意一死来承担朝廷决策失误的罪责。"李德裕心里也明白，开弓没有回头箭，一旦退兵，势必军心涣散，士无斗志，功败垂成，反而助长了叛军刘稹的士气与威风。到时，朝廷更加被动，再也无力制约藩镇了，只能加剧削弱朝廷的中央集权，所以他力排众议，想成就朝廷的全局战略。

唐武宗听李德裕这样说，心里踏实了不少，他严肃地说："请把朕的话传给朝廷百官，再有敢于发表意见阻挠朝廷用兵的，朕就诛杀他！"

群臣的议论停止了，反对用兵的人顿时也鸦雀无声了。

在这关键时刻，李德裕再一次挺身而出，他不惜用自己的生命来坚持正确的战略决策，他的忠心耿耿，大义凛然，再一次震慑了朝廷百官，使唐武宗皇帝坚定了征讨叛军必胜的信念和决心。

事情果然如李德裕预料的一样，何弘敬听说王宰将要到来，担心忠武军的士兵进入魏博境内会在军中引发变乱，于是就匆忙出兵。不久，何弘敬向朝廷奏报，说自己已经亲自率领全军渡过漳水奔向磁州。

李德裕向唐武宗上表说："希望皇上下诏命令王宰不再前往磁州，让他迅速率领忠武军援救河阳。这样不仅可以捍卫洛阳，而且也可钳制魏博。如果担心王宰全军到来会造成军需给养困难，可以暂且让他们发五千人作为先锋部队奔赴河阳，这样也可扩大声势。"

唐武宗皇帝采纳了李德裕的建议。

王茂元驻军在万善镇，此时万善镇已成一座孤城，他的压力非常大。李德裕亲自提拔了他，没想到他的部将在科斗寨遭遇大败，他也受到朝廷责怪，忧心忡忡，一下病倒了。回想自己的一生，他感慨不已，幼时好学，随父征战，以勇略知名。唐德宗时上书自荐，授试校书郎，历官赞善大夫、东都留守防御判官、右神策军将军等职。唐文宗太和年间，累迁至岭南节度使。在岭南时，他招抚少数民族，颇著政绩，又广蓄财产，以财结交郑注等显贵，得以出任泾原节度使。郑注被杀后，他广献家资饷军，未被治罪，保住了自己的性命。后李德裕对他重用，先做监领忠武军节度使，后转为河阳节度使。有观点认为，在著名的"牛李党争"中，王茂元属于李党，他非常器重诗人李商隐，在泾原节度使任上，将女儿许配给李商隐。在这次征讨刘稹时，李商隐随同王茂元作战，李商隐为岳父王茂元作书与刘稹，为此，他特意写了《为濮阳公与刘稹书》《为怀州李使君祭城隍神文》《为李怀州祭太行山神文》三份讨伐檄文，喻以祸福，劝其归顺。

叛军薛茂卿率军攻破科斗寨，擒获马继等人，焚掠小寨17座，并下山追击溃兵，直到万善镇南距离怀州城十几里的地方屯兵驻扎下来。此时万善镇已成一座孤城，陷入了刘稹的包围中。为尽快击退王茂元，刘稹命牙将张巨、刘公直等人率另一支兵将南下太行配合薛茂卿作战。两人与薛茂卿合议，先围住万善城，定于九月初一展开总攻，尽快结束万善之战。为解怀州、万善之围，王茂元向朝廷求援，朝廷乃令忠武节度使王宰率兵赶赴万善城。

八月二十九日，刘公直率兵在万善城南屯扎。为激怒王茂元，报复李商隐，刘公直率兵秘密来到雍店李商隐的祖籍，先挖开李家大坟，然后在雍店进行疯狂抢掠，并在雍店四周竹林里及村里到处放火，李氏族人在火光中哭号惨叫，丧生者无数。张巨是个贪图功利之人，他见到刘公直出兵赶赴雍店，就想趁张巨回来之前提前攻打万善，抢占头功。王茂元站在万善城头，看到四五里外雍店的滚滚浓烟和张巨凶猛的势头，十分恐惧，便与部将商议弃城南逃。都虞候孟章劝阻他说："现在贼兵一半在雍店，一半在这里攻城，可见不过是乱兵而已。义成军现在刚刚到达，还没有吃饭，如果知道您率兵逃走，就会不战自溃，希望您暂且留下坚守！"李商隐也建议他留下坚守。正在此时，忠武节度使王宰的援兵快速由西南方向赶来，张巨无奈只好拼命向山上逃窜。王茂元与王宰合兵一处，北上太行道追击张巨溃兵，张巨登山时士卒自相惊扰，再加上天已昏暗，又下起毛毛细雨，人马互相践踏，许多士卒坠崖而死。

万善之战胜利了，而雍店数百人的村庄却变成了灰烬，现如今的雍店所在地已被一个新店所代替。这场劫难，带给李商隐的是永远的伤痛与悲愤，他在《祭裴氏文》中写道："属刘稹叛换，逼近怀城，惧罹焚发之灾，永抱幽明之累。"

唐武宗觉得王茂元、王宰两位节度使同在河阳不太合适。正好李德裕等人上表说："王茂元精通治史，却不是领兵作战的将才，请任命王宰为河阳行营功讨使。王茂元病好之后，只让他镇守河阳，即使病重也用不着担心了。"于是，朝廷任命王宰兼为行营功讨使。

何弘敬奏报说已攻取肥乡、平恩两县，杀了很多叛军。他得到了刘稹张贴的告示，文辞之中都称朝廷军为贼，声称遇到朝廷军就必须痛杀。

唐武宗对宰相们说："何弘敬已经攻占了叛军的两个县，可以消除以前对他的怀疑了。既然他杀了叛军，想要左右观望已是不可能的了。"于是下诏加封何弘敬为检校左仆射。

不久，王茂元突然病逝。唐武宗追赠他为司徒，谥号"威"。李德裕写了一篇文章《赠王茂元司徒制》来纪念他。

鉴于王茂元征讨叛军时突然病逝，计划被打乱，李德裕建议唐武宗任命河南尹敬昕为河阳节度使、怀孟观察使，王宰统领形营之兵抵抗叛军，敬昕负责供给军队的粮食。唐武宗听取了李德裕的意见。

这时候，李德裕任命石雄代替李彦佐为晋绛行营节度使，命令他从冀氏攻取潞州，同时分兵屯驻翼城，以防叛军的侵犯。

石雄代替李彦佐的第二天，就带兵越过乌岭，攻破五座营寨，杀死和俘虏的叛军数以千计。

当时王宰在万善驻军，刘沔在石会驻军，都观望不前。唐武宗得到石雄的捷报，心里极为高兴。

唐武宗上朝，对宰相们说："石雄是一位优秀的将军！"

石雄是李德裕一手提拔起来的，在平定回鹘的战役中，石雄实施奇计救出太和公主、突袭乌介可汗的中军牙帐，首建奇功，进而一举全歼回鹘主力，这次又连破叛军五座营寨，表现出了杰出的军事才干。李德裕趁机说道："几年以前，潞州有位男子躬身唱道'石雄带领七千人来了'，当时刘从谏认为他妖言惑众，把他斩首了。现在依我看来，将来攻破潞州的一定是石雄。"于是唐武宗下诏奖赏石雄许多布帛。

石雄把这些布帛全部放在军帐门口，他自己只拿了一匹，其余全部分给士兵，因此，他的将士兵卒都情愿为他拼命效力。

当年石雄被贪官王智兴压制，如果没有李德裕的慧眼和提拔，石雄也许一生都默默无闻。石雄卓越的战功有力地证明了李德裕高明的组织才能与领导艺术。石雄击败回鹘，接回了太和公主，张仲武嫉妒他的功劳，因此产生了怨恨，唐武宗曾派李德裕为他们调解，但张仲武始终心里感到不愉快。朝廷担心他们因个人恩怨而破坏了讨伐叛军的大事，就调刘沔为义成节度使，任命前荆南节度使李石为河东节度使。

叛军薛茂卿由于在科斗寨战役中立有军功，希望能够得到破格提拔。有人对刘稹说："你所要求的不过是朝廷授予旌节，让朝廷满足你的要求。薛茂卿杀死了许多朝廷士兵，激怒了朝廷，这样只会使旌节的授予更晚。"刘稹听了这话，心里五味杂陈，因此没有给予薛茂卿奖赏。

薛茂卿心里就有怨言，秘密与王宰沟通，打算归顺朝廷。

王宰率军进攻天井关，薛茂卿稍作抵抗后故意率军逃走。王宰顺利地攻下天井关，并进兵驻守。

天井关东西两侧的叛军营寨听说薛茂卿失守，一时军心大乱，都纷纷逃跑。王宰趁机纵兵焚烧，抢夺了大、小箕村。薛茂卿退入泽州，秘密派人让王宰进攻泽州，他来做内应。王宰心中猜忌，不敢贸然前进，因此没有按照事先约好的时间到达，以致计划失败，薛茂卿捶胸顿足，叹息不已。

刘稹知道此事后非常生气，哄骗薛茂卿来到潞州商讨国是，薛茂卿一到潞州就被刘稹派人杀了。刘稹杀了薛茂卿还不能解心头之气，他又下令把薛茂卿的宗族全部杀死。并任命兵马使刘公直代替薛茂卿，重新调整了部署。

刘稹对有战功的薛茂卿不给奖励，说明他对朝廷充满幻想，希望朝廷答应他的条件，而朝廷已明确表态，不准各路军擅自招降刘稹，已封死了他的退路。前怕狼后怕虎，缩手缩脚，和平无望，仗又不能大打，不仅把有战功的大将杀了，还诛灭他的宗族，这让其他将领怎么想呢？

不久，王宰领兵进攻刘公直，把刘公直的叛军打得大败，于是包围了陵川，随即攻破。同时，河东军也攻取了石会关。朝廷几路大军也发起了进攻。

刘稹见大势已去，顽抗到底只有死路一条，他心里有了归顺朝廷的想法。洺州刺史李恬是李石的堂兄，刚好李石来到太原，刘稹派部将贾群去见李石，把李恬的书信交给了他，信中说：刘稹愿意率领全族归附相公，护送刘从谏的灵柩回到东都洛阳去安葬。李石囚禁了贾群，把李恬的书信奏报给了朝廷。

李德裕看了信说："现在捷报频传，叛军已面临困境，所以才会假意投诚，他想使自己得到休整，然后再来反击。皇上可以下诏让李石写信答复李恬说：'前次来信没敢奏报朝廷。如果刘稹确实想投诚，就带领全族人反绑双手来到边境上等待治罪，表示投降，那么我就会亲自前往接受投降，然后护送他到京城。如果假意投降，后果自负。'同时下诏给各军镇，趁刘稹上下离心之际迅速进兵讨伐，这样用不了多久，他们内部就会发生变乱。"

唐武宗同意了李德裕的意见。

有大臣上表请求接受刘稹的投降，唐武宗皇帝非常生气，直接把上表大臣贬降，支持刘稹投降的大臣再不敢吱声了。唐武宗皇帝和李德裕想要杀一儆百，以征讨刘稹威慑其他藩镇。而刘稹没看到这一点，他还抱着侥幸心理，以求朝廷能宽恕或答应他的条件。

风云突变，这年十二月，河东横水戍卒发生哗变，攻占太原，驱逐了节度使李石，并推都将杨弁为首领。

事情的经过是这样的：刘沔击败回鹘后，留下了三千士兵防守横水栅。此时河东行营知马使王逢驻守在榆社，奏请朝廷调拨援兵。朝廷下令河东派兵三千前往救援。当时河东一带兵力匮乏，就连守卫仓库的人员及工匠都出征从了军。李石又征召守卫横水栅的士兵一千五百人，派都将杨弁负责统领，前往榆社支援。

杨弁带领援军来到太原，按照以前惯例，士兵出征，每人给绢两匹，刘沔离开这里时，把府库的财物全部带走了，李石刚到河东，军需用品缺乏，就把自己家中的绢拿出来添补，每个士兵才得到一匹绢。此时已经到了年终，士兵都有情绪，要求过了大年初一再出发，监军吕义忠多次下文书催促。杨弁就利用众人不满情绪进行策动，这时又正值太原城内空虚，于是杨弁趁机发动了暴动。杨弁率领士兵在太原城内抢夺，杀死了都头和守城官兵，李石见情况不妙，逃到了汾州。杨弁占据了河东军府，释放了被囚禁在这里的贾群，并派自己的侄子与贾群前往泽潞去见刘稹，和刘稹结为兄弟。突如其来的变故，又在这一关键时刻，刘稹大喜，坚定了要跟朝廷对抗到底的打算。

石会关的守将杨珍听说太原发生了兵变的情况，就率领石会关的守将投降了刘稹，刘稹更是大喜过望。

监军向朝廷奏报了太原兵变的情况，朝廷一片哗然。

唐武宗见刘稹尚未平定，河东又发生动乱，忧虑不已，便命中使马元贯到太原劝他们归顺朝廷，顺便观察他们兵力虚实。马元贯到了太原后，杨弁盛情款待，并送给他许多金银财宝，教他回去后如何如何上报朝廷。马元贯回朝，唐武宗让他去见宰相李德裕商议太原情况。马元贯在朝廷大臣面前说道："朝廷迟早会授予杨弁节度使旌节。"李德裕问："何出此言？"马元贯说："太原参与作乱的士兵从衙门一直到柳子列，队列十五里，都身穿明光盔甲，兵强马壮，朝廷怎能攻取？"李德裕道："李石正是因为太原没有兵，所以才征发横水栅之兵奔赴榆社，仓库里的盔甲都已用在讨伐泽潞的部队之中了，杨弁怎么突然能有这么多身穿盔甲的士兵呢？"马元贯说："太原人强壮彪悍，人人都可以当兵，这些都是杨弁新招的。"李德裕说："招募士兵需要钱财，李石就是因欠士兵一匹绢，才招致了这次兵变，杨弁又是从哪里得到钱财的呢？"

马元贯顿时哑口无言，他精心编造的谎言被李德裕揭穿了。

李德裕又说道："就算杨弁真有十五里身穿盔甲的兵，朝廷也不会放过这个叛贼。"

于是，李德裕立即上表道："杨弁小贼，绝对不能宽恕。如朝廷两处用兵，国力不支，那么宁可先放过刘稹。"

有大臣建议昭义与河东两地都应该罢兵。李德裕忧心忡忡，朝廷一旦罢兵将前功尽弃。正月初四，李德裕上《论刘稹送款与李石状》，李德裕在此状中说刘稹这是缓兵之计，不应受降，应该请诸将快速进兵，消灭刘稹。

正月初五、初六，李德裕撰《论刘稹状》《宰相与王宰书》。在给王宰的书信中，李德裕说："昔王承宗虽逆命，犹遣弟承恭奉表诣张相祈哀，又遣其子知感、知信入朝，宪宗犹未之许。今刘稹不诣尚书面缚，又不遣血属祈哀，置章表于衢路之间，游弈将不即毁除，实恐非是。况稹与杨弁通奸，逆状如此，而将帅大臣容受其诈，是私惠归于臣下，不赦在于朝廷，事体之间，交恐不可。自今更有章表，宣即所在焚之。惟面缚而来，始可容受。"李德裕明确表态，刘稹和杨弁狼狈为奸，叛逆罪状明显，今后再有如此奏表，应该立即销毁，除非刘稹反绑双手来投降，其他一切免谈。

接着，李德裕又上表说道："太原人心从来忠顺，只是贫虚，赏犒不足。况千五百人何能为事！必不可姑息宽纵。且用兵未罢，深虑所在动心。顷张延赏为张出所逐，逃奔汉州，还入成都。望诏李石、义忠还赴太原行营，召旁近之兵讨除乱者。"

唐武宗听取了李德裕的建议，下诏命令李石、吕义忠回到太原行营，召集附近的兵马讨伐叛军。

同时，王逢与王元逵也分道进兵，将在太原会合。榆社的河东军听说朝廷命令其他藩镇的士兵攻打太原，他们担心自己的家人被屠杀，就拥护河东监军吕义忠，并促使他率领本军攻取太原。吕义忠怕王逢和王元逵抢了头功，当日便率榆社戍军攻占了太原，诛杀杨弁，并把乱军全部杀死，太原兵变就这样被平定了。

太原兵变的问题解决了，李德裕就把全部心思投入平定刘稹之中，大到朝廷决策和战略部署，小到具体作战细节的指导，选才用将，草制文告、诏书、书信，都由他亲自处理。对于各镇节度使的才干智谋、为人处世、交往善恶、性格喜恶、思想动机，李德裕全部了如指掌。

李德裕对唐武宗说："王宰久应取泽州，今已迁延两月。盖宰与石雄素不叶，今得泽州，距上党犹二百里；而石雄所屯距上党才百五十里。宰恐攻泽州缀昭义大军，而雄得乘虚入上党独有其功耳。又宰生子晏实，其父智兴爱而子之，晏实今为磁州刺史，为刘稹所质。宰之顾望不敢进，或为此也。"

于是唐武宗命令李德裕起草诏赐王宰，督促其进兵。并且说道："朕对于刘稹这小小寇贼，永不能赦免他的罪过。也知道王晏实是你的爱弟，希望你能申明大义，以朝廷大局为重，克制自己的感情。"

朝廷任命李石为太子少傅，分司东都。石雄为河中节度使。不久，石雄一鼓作气攻破良马等三个营寨和一座城堡。

不久，李德裕又对唐武宗皇帝说："刘稹扣押了王宰的儿子当人质，王宰一直观望不前。如果皇上让王宰奔赴磁州，让何弘敬出兵讨伐泽潞，调刘沔镇河阳，命令他带义成精兵二千直抵万善，处王宰肘腋之下。王宰一定明白朝廷此意，必不敢淹留。若王宰进军，刘沔以重兵在南历，也壮大了声势。"唐武宗皇帝说道："好！"于是，任命义成节度使刘沔为河阳节度使。

四月，王宰终于进攻泽州。

七月，辛卯，唐武宗与李德裕议以王逢将兵屯翼城，唐武宗说："听说王逢对部下太严，有这事吗？"李德裕说："臣亦尝以此诘之，王逢说：'前有白刃，法不严，其谁肯进？'"唐武宗说："言亦有理，卿更召而戒之！"李德裕因言刘稹不可赦。唐武宗说："固然。"李德裕说："昔李怀光未平，京师蝗旱，米斗千钱，太仓米供天子及六宫无数旬之储。德宗集百官，遣中使马钦绪询之。左散骑常侍李泌取桐叶拊破，以授钦绪献之。德宗召问其故，他说：'陛下与怀光君臣之分，如此叶不可复合矣！'由是德宗意定。既破怀光，遂用为相，独任数年。"唐武宗说："李泌也算是一个奇人！"

李德裕每天都关注着泽潞战报，常常工作到深夜。这年闰七月，李德裕结合前方战况，上表说："镇州奏事官高迪密陈意见二事：其一，以为'贼中好为偷兵术，潜抽诸处兵聚于一处，官军多就追逐，以致失利；经一两月，又偷兵诣他处。官军须知此情，自非来攻城栅，慎勿与战。彼淹留不过三日，须散归旧屯，如此数四空归，自然丧气。官军密遣谍者诇其抽兵之处，乘虚袭之，无不捷矣。'其二，'镇、魏屯兵虽多，终不能分贼势。何则？下营不离故处，每三两月一深入，烧掠而去。贼但固守城栅，城外百姓，贼亦不惜。宜令进营据其要害，以渐逼之。若止如今日，贼中殊不以为惧。'望诏诸将各使知之！"

刘稹的心腹将领高文端投降，他说叛军营中缺粮食，让妇人
接穗舂来供给士兵食用。李德裕专门看望了高文端，并问如何击
败叛贼。高文端说："官军今真攻泽州，恐多杀士卒，城未易得。
泽州兵约万五千人，贼常分兵大半，潜伏山谷，伺官军攻城疲敝，
则四集救之，官军必失利。今请令陈许军过千河立寨，自寨城连
延筑为夹城，环绕泽州，日遣大军布陈于外以扞救兵。贼见围城
将合，必出大战；待其败北，然后乘势可取。"李德裕奏请唐武宗
下诏将这个策略转达给王宰。

高文端又说："固镇寨四崖悬绝，势不可攻。然寨中无水，皆
饮涧水，在寨东南约一里许。宜令王逢进兵逼之，绝其水道，不
过三日，贼必弃寨遁去，官军即可追蹑。前十五里至青龙寨，亦
四崖悬绝，水在寨外，可以前法取也。其东十五里则沁州城。"李
德裕奏请唐武宗下诏将这个策略转达给王逢，让他执行。

高文端还说："都头王钊将万兵戍洺州，刘稹既族薛茂卿，又
诛邢洺救援兵马使谈朝义兄弟三人，钊自是疑惧。稹遣使召之，
钊不肯入，士卒皆哗噪，钊必不为稹用。但钊及士卒家属皆在潞
州，又士卒恐己降为官军所杀，招之必不肯来。惟有谕意于钊，
使引兵入潞州取稹。事成之日，许除别道节度使，仍厚有赐与，
庶几肯从。"李德裕奏请唐武宗下诏命令何弘敬秘密派人说明朝廷
这个意图，让他见机行事。

王宰、王逢、何弘敬按照李德裕的建议去执行，筑夹城围困
潞州，断绝固镇寨水道……一步一步将刘稹逼入绝境。刘稹部下
军心渐怠，将士愈觉离心。

刘稹年少，性格懦弱，押牙王协、宅内兵马使李士贵掌握军
镇大权，专聚货财，府库充溢，而将士有功无赏，由是人心离怨。

刘从谏的妻子裴氏担心刘稹将败，想召他回来掌握军政大权。李士贵担心裴问夺自己权，就泄露其罪状，说道："山东之事仰成于五舅，若召之，是无三州也。"裴氏只好作罢。

王协推荐王钊为洺州都知兵马使。王钊很得人心，而多不遵使府约束，同列高元武、安玉言其有二心。刘稹召之，王辞以"到洺州未立少功，实所惭恨，乞留数月，然后诣府"。刘稹同意了他的请求。王协又向商人征税，每州遣军将一人负责，名为税商，实为豪夺百姓家财，搞得百姓倾家荡产，人心惶惶。

泽潞军将刘溪尤贪财，当年刘从谏弃之不用。刘溪厚赂王协，王协以邢州富商最多，命令刘溪负责征收。裴问所率领的将兵号"夜飞"，大多是富商子弟，刘溪到后，全部扣押夜飞军的家人，交钱才放人。夜飞军诉于裴问，裴问为之求情，刘溪不许，以不逊言语羞辱裴问。裴问怒，与麾下谋杀刘溪，他们对刘稹、王协、李士贵也颇有怨言，认为刘稹迟早会失败，干脆做出杀了刘溪归顺朝廷的决定。裴问将自己的决定告诉刺史崔嘏，崔嘏表示同意。于是，崔嘏、裴问关闭城门，斩城中大将四人，请降于王元逵。

裴问的投降，就像一石激起千层浪，引起了连锁反应。当时高元武在党山镇守，听到这个消息后，也投降了。王钊因人不安，趁机鼓动士兵，也投降了何弘敬。安玉在磁州，听说邢州、洺州都投降了朝廷，于是也投降了何弘敬。尧山都知兵马使魏元谈等降于王元逵，王元逵因其久攻不下，自己死伤不少士兵，生气将他们全部杀了为死去的士兵报仇。

八月，辛卯，邢、洺、磁三州都已降，宰相入朝祝贺。李德裕说："昭义根本尽在山东，三州降，则上党不日有变矣。"唐武宗说："郭谊必枭刘稹以自赎。"李德裕说："诚如圣料。"唐武宗说：“当务之急宜先处者何事？”李德裕建议给事中卢弘止为三州留后，并且说：“万一镇、魏请占三州，朝廷难于可否。”唐武宗表示同意，诏山南东道兼昭义节度使卢钧乘驿赴镇。

潞州的人听说三州降，大惧。郭谊、王协谋杀刘稹以自赎，刘稹再从兄中军使刘匡周兼押牙，郭谊患之，言于刘稹说：“十三郎在牙院，诸将皆莫敢言事，恐为十三郎所疑而获罪，以此失山东。今诚得十三郎不入，则诸将始敢尽言，采于众人，必获长策。”刘稹召刘匡周谕之，使称疾不入。刘匡周怒说：“我在院中，故诸将不敢有异图；我出院，家必灭矣！”刘稹固请之，刘匡周不得已，弹指而出，离开了牙院。郭谊让刘稹所亲信董可武去劝说刘稹道：“山东之叛，事由五舅（裴问）引起，城中人谁敢相保！留后今欲何如？”刘稹说：“现在城中尚有五万人，且当闭门坚守耳。”董可武说：“非良策也。留后不若束身归朝，如张元益，不失作刺史。且以郭谊为留后，等到朝廷授予旌节之后，徐奉太夫人及室家金帛归之东都，不亦善乎！”刘稹说：“郭谊安肯如是？”董可武说：“董可武已与之重誓，必不负也。”于是，董可武带领郭谊入。刘稹与之密约既定，乃白其母。母说：“归朝诚为佳事，但恨已晚。我有弟不能保，安能保郭谊！汝自图之！”刘稹乃素服出门，以母的名义任命郭谊为都知兵马使。王协已戒诸将列于外厅，郭谊拜谢刘稹后，出来见诸将，刘稹则回到内厅整理行装。李士贵闻之，率领后院数千士兵围攻郭谊。郭谊叱之说：“何不自取赏物，乃欲与李士贵同死乎！”军士乃退，共杀李士贵。郭谊撤了军府的将吏，重新部署自己的人，一个晚上就重新设置了军府。

第二天，董可武入谒刘稹说：“请议公事。”刘稹说：“何不言之！"董可武说："恐惊太夫人。"乃引刘稹步出牙门，至北宅，置酒作乐。酒酣，乃说："今日之事欲全太尉刘悟一家老小，须留后自图去就，则朝廷必垂矜闵。"刘稹说："如所言，也是我心里所想的。"董可武上前抓住刘稹双手，崔率度从后面砍下了刘稹的头。接着，郭谊下令抓捕刘稹宗族，刘匡周以下至襁褓中的婴儿皆杀之。又杀刘从谏父子所厚善的张谷、陈扬庭、李仲京、郭台、王羽、韩茂章、韩茂实、王渥、贾庠等凡十二家，并其子侄甥婿亲属无一遗漏。甘露之乱时，李仲京等人逃出京城归附刘从谏，本想避祸，也被杀了。郭谊独揽大权，只手遮天，以前凡是在军中跟他有怨恨的人全被杀掉，以致血流成河，泥土都成了血泥。

刘稹一死，树倒猢狲散，刘公直也率军投降了。其他将领见大势已去，也纷纷投降。

郭谊将刘稹首级装在匣子里，派遣使者带着王宰的儿子王晏实及投降的文件和书信，向王宰投降。

王宰把情况汇报给了朝廷。

唐武宗秘密召见李德裕，问如何处置郭谊，李德裕说："刘稹跟朝廷对抗都是郭谊的主意，郭谊见刘稹大势已去，便出卖他以求自保和朝廷的赏赐，这种小人很危险，应该将他的人一块儿除掉。"唐武宗说："朕也是这么想的。"于是，唐武宗下诏命令石雄率军七千人进入潞州。

郭谊杀了刘稹后，天天等着朝廷赏赐和授予他节度使的旌节。他听说石雄来了，心里很紧张，召集部下迎接石雄。石雄到后，敕使张仲清说："郭都知委任文书过几天就会来到，诸位委任文书在我这里，晚上到府衙门来接受任命！"到了晚上，郭谊带领降将来衙门参见，他们集中在大院等候。石雄带领的士兵包围了衙门。张仲清点着他们名字，一个一个进去，埋伏在大厅的士兵将他们一一瓮中捉鳖，凡是凶狠、狡猾和抗拒的官兵全部押送到京城。

唐武宗又下诏挖掘刘从谏的坟墓，在潞州暴尸三天。石雄又把刘从谏的尸体放在闹市，斩去首级，剁成了碎块。

八月，王宰传送刘稹首级与潞州大将郭谊等一百五十人进京，唐武宗皇帝亲自在安福门接见战俘。唐武宗重赏有功之臣，加封李德裕为太尉、赵国公，食邑三千户。李德裕推辞不受，唐武宗说道："恨无官赏卿耳！卿若不应得，朕必不与卿。"李德裕推辞不掉，请求把赵国公的封号改为卫国公。因为李德裕的哥哥李德修曾经做过膳部员外郎，官职不高，但掌陵庙祭祀用品，有时也参与账目管理，与皇家接近的机会很多，一般会成为皇帝近臣。李德修有气节和高尚的情操，按照规定他以长子身份承袭他父亲的爵位，也就是"赵国公"。所以皇帝想要封赏李德裕为"赵国公"的时候，李德裕赶紧提醒皇帝，皇帝改封李德裕为"卫国公"，这是因为他的爷爷李栖筠当时的迁徙地汲郡已改称卫州。当时人品很差的张仲方做了谏议大夫，李德修很反感这个人，不想和他在朝堂上见面，所以到外地做官。

唐武宗又下诏："免除昭义五州一年的赋税，在平叛战争中，军队所过州县免今年秋税。昭义自刘从谏以来，横增赋敛，悉从蠲免。所藉土团并纵遣归农。诸道将士有功者，等级加赏。"

通过这次平定叛乱，李德裕总结了不少经验，他认为以唐德宗时韩全义讨伐吴少诚以来，将帅出征屡败，其弊有三：一者，诏令下军前者，日有三四，宰相多不预闻。二者，监军各以意见指挥军事，将帅不得专进退。三者，每军各有宦者为监使，悉选军中骁勇数百为牙队，其在阵战斗者，皆怯弱之士。每战，监使自有信旗，乘高立马，以牙队自卫，视军势小却，辄引旗先走，阵从而溃。李德裕乃与枢密使杨钦义、刘行深商议，约敕监军不得预军政，每兵千人听监使取十人自卫，有功随例沾赏。二枢密皆以为然，白上行之。自御回鹘至泽潞罢兵，皆守此制。自非中书进诏意，更无他诏自中出者。号令既简，将帅得以施其谋略，故所向有功。

自用兵以来，河北三镇每遣使者至京师，李德裕当面告谕他们说："河朔兵力虽强，不能自立，须借朝廷官爵威命以安军情。归语汝使：与其使大将邀宣慰敕使以求官爵，何如自奋忠义，立功立事，结知明主，使恩出朝廷，不亦荣乎！且以耳目所及者言之，李载义在幽州，为国家尽忠平沧景，及为军中所逐，不失作节度使，后镇太原，位至宰相。杨志诚遣大将遮敕使马求官，及为军中所逐，朝廷竟不赦其罪。此二人祸福足以观矣。"李德裕又把这事告诉了皇帝，唐武宗高兴地说："就当如此明告之。"于是，河北三镇不敢有其他意图了。

这一年的九月，刘稹的部将郭谊、王协、刘公直、安全庆、李道德、刘佐尧、刘开德、董可武等人都在京师被朝廷斩杀了。他们卖主规利，一直等待着封官加爵，没想到等到的是人头搬家，聪明反被聪明误。

王羽、贾庠等已为郭谊所杀，李德裕复下诏称"逆贼王涯、贾𬤊等已就昭义诛其子孙"，宣告京城中外。刘从谏妻裴氏亦赐死，又令昭义降将李丕、高文端、王钊等疏昭义将士与刘稹同恶者，悉诛之，死者甚众。卢钧疑其枉滥，奏请宽之，唐武宗皇帝不答应。

在李德裕的推荐下，卢弘正被任命为昭义军镇节度使。卢弘正在征讨叛军时有较高的威信，以宽爱美德扬名，那些本来逃散叛乱的将士，感于卢弘正威望，纷纷回到昭义来投降朝廷，卢弘正都对他们厚加爱抚，昭义军镇于是得以安宁。

平定泽潞刘稹叛军是李德裕一生中最主要的功绩之一。在这次讨伐战争中，李德裕表现了他杰出的军事才能和政治远见，其间筹谋决策，选用将帅，征调兵力，起草诏令，指挥调度，全都由李德裕独自决断，其他宰相并无参与。李德裕运筹帷幄，指挥若定。他随时注意前线作战的进展情况，善于抓住薄弱环节，及时正确地处理军务。李德裕听取了镇州奏事官高迪的意见，曾有效地对付了叛军的"偷兵术"，并令镇、魏兵"进营据其要害"；他还听取了刘稹心腹、降将高文端的合围泽州、断绝固镇寨水道和招降郗州守将王钊的建议，都取得了成功。李德裕排除了一个又一个的障碍，加快了讨叛战争的进度，最终取得胜利。平定叛乱，重振了唐朝的声威，震慑了其他藩镇扩张的野心，对朝廷加强中央集权具有重要的战略意义和深远的政治影响。

被人誉为"一代史家，千秋神笔"的蔡东藩这样称赞李德裕："回鹘残破，嗢没斯诚心内附，而乌介复劫主横行，忽服忽叛，幸李德裕建以夷攻夷之策，于是强虏退，帝女归，朔方仍得安定，乃知为政在人之固非虚语也。文宗有一德裕而不能用，此其所以赍恨终身欤。"又云："观武宗之讨泽潞，全由李德裕主谋，故本回于德裕规划，叙述较详，当时前敌诸将，非真公忠无贰，经德裕操纵有方，能令悍夫怯将，并效驰驱，决机庙堂之上，转移俄顷之间，中使不得关说，武人乐为尽死，即裴度杜黄裳诸相臣，恐亦未之逮也。"

第十七章

会昌法难

佛教作为一种重要的宗教，在唐朝得到了广泛的发展和传播。至中叶以还，佛教势力日益膨胀。私度之钱归之于地方官吏和寺庙所有，造成政府和寺庙多度僧尼。很多人为了逃避赋役，出家为僧，导致僧人越来越多。而寺庙土地不用纳税，僧人靠农民供养，形成了当时社会上的一大问题，从而逐渐威胁到了唐朝中央统治。而唐武宗本人又是一个虔诚的道教徒，因此他即位后，便开始筹划灭佛。

会昌元年（841年），六月庆阳节，唐武宗李炎设斋请僧人、道士讲法，只赐给道士紫衣，并下令僧人不得穿着。一个明确的信号已经发出了：新皇上并不喜欢佛法。很快，在唐武宗为帝的短短六年时间里，一个接一个对僧人发难的敕令由皇帝签署、发布。灾难一个接一个地降临到佛教徒的头上。

唐武宗在未当皇帝之前就喜欢道术和保养益寿之事。做了皇帝后就立即征召道士赵归真等八十一人来到皇宫，在三殿修金箓

道场。唐武宗还亲自赶到三殿，在九天坛接受法箓。会昌元年
（841年）六月，下诏以衡山道士刘玄靖为银青光禄大夫，充崇玄
馆学士，赐号广成先生，并令其与赵归真在宫中修法箓。唐武宗
立志学仙，拜赵归真为师。大臣谏净，唐武宗对轻者不予理睬，
重者贬官了之。

印度佛教传入中国大约在西汉末年。它在中国的传播发展，
大致可分为三个时期：魏晋以前为输入时期，魏晋南北朝为传播
时期，隋唐为兴盛时期。

魏晋南北朝时期，佛教在门阀世族统治阶级的提倡下，获得
了广泛的传播。南朝梁武帝更是一个十分虔诚的教徒，他尊佛教
为国教，并曾三次舍身出家为僧。所以这个时期佛教寺院大量
兴建，僧尼空前增多。北魏时，佛寺多达3万余所，出家僧尼达
200余万人。南朝梁武帝时，仅建康一地，就有佛寺500余所，
僧尼10万人。而且这些佛教寺院都拥有独立经济，占有许多的土
地和劳动力，形成了特殊的僧侣阶层。

佛院经济的发展必定会在经济方面与封建国家发生冲突。北
周武帝当政时，北周有僧侣100万人，寺院万余所，严重影响了
政府兵源、财源。为了消灭北齐，他决定向寺院争夺兵源和土地。
建德三年（574年），下诏禁断佛、道二教，把僧侣的寺宇、土地、
铜像资产全部没收，以充军国之用，近百万的僧尼和寺院所属的
僧祇户、佛图户编入民籍。此后四年，北周灭北齐，北周毁佛的
范围达到关内及长江上游，黄河南北的寺院也被毁灭。江南自侯
景之乱后，佛教势力也受到影响，陈朝的佛教已不及梁朝之盛。
佛教势力的再次膨胀与隋文帝杨坚的提倡有极大关系。

隋文帝杨坚于开皇元年（581年）发布诏令，可以自由出家，

并按人口比例出家和建造佛像。隋炀帝时，命僧人法果在洛阳编写佛经经目。所以在隋朝时，佛教已再度兴盛起来，唐朝时更为发达了。

唐朝统治者虽也有几次抑制佛教的活动，但总的来说还是提倡佛教的。唐高祖比较信佛，但唐初时，傅奕多次上书，列数佛教的恶果，请求废除佛教。唐高祖曾下诏淘汰僧尼，并波及道士。由于唐高祖退位，太宗摄政，大赦天下，所以并没有实行。唐太宗于贞观初年，曾下令凡有私度僧尼者处以极刑。

唐太宗晚年有忧生之虑，所以留心佛法，再者，因爱玄奘之才，所以曾亲自写了《大唐三藏圣教序》，宣扬佛法，并下令度僧尼18000余人。以后的高宗、中宗、睿宗都很信佛。武则天之时，更是大力提倡佛教，到处建造佛像，又建明堂，修天枢，佛教势力更加膨胀。佛教寺院可与宫室相比美，极尽奢华。以后诸帝也多信佛，肃宗、代宗在宫内设道场，养了数百个和尚在里面早晚念佛，宪宗时还举行迎佛骨的活动。代宗时下诏，官吏不得"棰曳僧尼"，僧尼犯法也不能绳之以法。当时关中的良田多为寺院所有。

佛教在统治者的提倡下，迅速发展起来，但同时也与封建国家存在着矛盾。大量的劳动力出家为僧或者投靠寺院为寺户、佃户，寺院拥有了许多土地和劳动力，寺院经济发展起来，而封建政府的纳税户却大为减少。傅奕反对佛教的理由之一就是僧尼是游食之民，不向国家交纳租税，浪费了国家许多钱财，减少了税收。韩愈在反佛的文章中也从国家财用的角度，指出了佛教的弊端。代宗时，彭偃就建议：僧道不满50岁的，每年交纳四匹绢；女尼及女道士不满50岁的，交纳二匹，并和普通百姓一样应役。

他认为如果这样，那么出家为僧也就没有什么害处了。因为存在土地和劳动人手方面的矛盾，在这一矛盾达到一定程度时，封建国家就会向佛教势力宣战。

另一方面，唐武宗灭佛也是佛教与道教斗争中的一个回合。道教是中国土生土长的宗教，追尊老子李聃为教祖。北朝以来的皇帝多信道教。唐朝建立后，因为皇帝姓李，道教尊奉的老子也姓李，统治者为了借助神权提高皇家的地位，自认是老子的后代，所以推崇道教。高宗时，追尊老子为太上玄元皇帝。玄宗还亲自为《道德经》作注，叫人学习。尊老子的《道德经》为《道德真经》，庄子的著作为《南华真经》，庚桑子的著作为《洞灵真经》，列子的著作为《冲虚真经》，在科举中增设老、庄、文、列四子科。并规定道士女冠由宗正寺管理，宗正寺是管理皇室宗族事务的机构，说明唐朝把道士和女冠当作本家看待。武则天崇佛，一是因为佛教中涉及她当女皇的根据，同时也是用佛教来打压道教。

唐武宗会昌四年（844年）三月，唐武宗任命道士赵归真为左右街道门教授先生，并拜赵归真为师。赵归真趁着被宠的机会，每次与唐武宗谈话，都诋毁和辱骂佛教，说佛教不是中国的宗教，只能损害中国的生灵罢了，宣扬佛道不能并存，应当全部除掉佛教。唐武宗已被赵归真洗脑，很相信他的话，也认为佛僧的存在影响了他修炼成仙。

这时候，李德裕非常着急，但一时也没有办法。当年敬宗皇帝信奉道教及神仙之说，也是被赵归真洗脑了，敬宗皇帝遣使遍访"异人"，下诏命浙西征隐士周息元进京，当时李德裕在浙西任职，不能公然抗命，只好派军车护送他进京。李德裕上表言周息元不可信，但敬宗皇帝不听。敬宗皇帝一死，周息元立即跑了。

后来，李德裕写了篇《黄冶赋》，反对方士炼丹、求长生之术，此一思想与在浙西时反对周息元应征入朝一致。李德裕并不反对崇尚道教，但他反对炼丹服药。李德裕有道号，其妻、妾在润中时也皆有道号，这都可以见出唐时道家思想及道教对士大夫阶层的影响，正如贾餗所作碑铭中所说：德裕施政，仍重儒学，或儒道并重。

李德裕向唐武宗劝道："赵归真是先朝敬宗皇帝的罪人，不应当亲近！"唐武宗说："朕在宫里闲着没事时和他谈会儿仙道，就当解闷罢了。至于军国大事我一定会与朝廷大臣商议的，即使有一百个赵归真，也不能迷惑我。"李德裕说："小人之辈见到权势和利益，都会奔跑着投靠，就像夜蛾扑火一样。我听说皇上亲近赵归真以来，赵归真所居之地车水马龙，门庭若市，恳请皇上明察，并就此戒止。"

唐武宗宠幸赵归真等人，即使李德裕与其他大臣上疏劝说，他依然执迷不悟。而赵归真打着皇帝的名义不断招摇撞骗，结伙舞弊，所居之地门庭若市，大搞不正之风，引起了李德裕等人的警戒，所以劝皇帝要远离赵归真此等小人，而唐武宗对这些忠言根本就听不进去。唐武宗在赵归真等人的怂恿下，打算开展一场大范围的禁佛毁寺运动。

在中国历史上曾发生过"三武一宗"的灭佛事件，"三武"指北魏太武帝拓跋焘、北周武帝宇文邕、唐武宗李炎，一宗指周世宗柴荣。唐武宗灭佛就是指唐武宗在会昌年间的毁佛活动。唐武宗灭佛是佛教与封建国家发生经济上的矛盾冲突、佛教与道教争夺宗教地位的结果。

唐代后期，佛教寺院过分扩张，损害了国库收入。唐武宗征询李德裕的意见，李德裕也默许了，当年李德裕也曾反对佛教，他在浙西做官时曾拆毁寺观1400余所；在西川任节度使期间，也曾毁寺观若干处，把寺院土地分给农民。但李德裕上表要求解除自己的宰相职位，回归乡里养老，李德裕是想提醒一下唐武宗，让他深思熟虑，不要急于灭佛。唐武宗皇帝没有批准他的请求。

李德裕多年经营国事，积劳成疾，终于重病缠身，这一病就是一个月，于是再一次向皇帝请求辞去宰相的职位。迫不得已，唐武宗皇帝只好让他以同平章事（宰相的头衔）兼江陵尹、荆南节度使，出任地方军镇的统帅。

仅仅几个月，唐武宗皇帝便又下诏把李德裕追了回来，仍让他担任宰相的职务。李德裕也看到了，佛教影响了大唐国计民生，特别是财政赋税和劳役的征调，减少了国家的财力，也减少了国家的壮丁。从国家大局出发，他开始支持唐武宗禁佛。

唐武宗厌恶像蠹虫一样耗费天下财物的和尚和尼姑，企图将他们罢废还俗，在道士赵归真等人的怂恿下，两人一拍即合。唐武宗一意孤行崇信道教，大力提倡道教，大增崇奉"大圣祖"的举措，恢复祠祀九宫贵神，大筑观台，炼丹服药。同时彻底废佛，从会昌二年（842年）起，到会昌五年（845年）彻底废佛达到高潮。

唐武宗在道士赵归真等的劝说下，令天下僧尼中犯罪和不能持戒者尽皆还俗，行咒术、妖术等者同禁，私人财产全部"充入两税徭役"，仅京城长安一地就有3459人还俗，而佛寺仅留慈恩、荐福、西明、庄严四寺，大量的僧侣被强迫还俗。

会昌四年（844年）二月，唐武宗又降旨"不许供养佛牙"，到会昌五年（845年），又开始了更大规模的灭佛。日本圆仁和尚在他写的《入唐求法巡礼行记》中详细记录了这次"法难"的情况。

唐武宗下诏陈述佛教的危害弊端，并宣告朝廷内外，在全国范围内拆毁佛寺，勒令僧侣、尼姑还俗。朝廷下诏京都及东都，只准留佛寺二所，每寺留僧三十人，各道只留一寺，余皆毁去。根据唐武宗的旨意，这年秋七月裁并天下佛寺。天下各地上州留寺一所，若是寺院破落不堪，便一律废毁；下州寺院全部拆废。长安和洛阳开始允许保留十寺，每寺僧十人。后来又规定各留两寺，每寺留僧二十人。诸道原留僧侣二十人者减去一半，留十人者减去三人，留五人者全部减去，一个不留。

八月，李德裕等人向唐武宗上表："东都洛阳九庙有高祖以来神主二十六尊，现在贮藏在太微宫小屋子里，请求用拆毁佛寺所得的木材来修复太庙。"

唐武宗同意了李德裕的建议，同时让拆废寺院和铜像、钟磬，所得金、银、铜一律交付盐铁使铸钱，铁则交付本州铸为农器，还俗僧侣各自放归本籍充作国家的纳税户。

这次大规模的禁佛毁寺运动，声势浩大，当时朝廷发布诏令后，派遣几名御史分乘驿马赴各地督查，御史尚未出关，而天下的寺庙就已经被拆平了。天下一共拆除寺庙 4600 余所，拆招提、兰若 4 万余所，僧尼 26 万余人还俗成为国家的两税户，没收寺院所拥有的膏腴上田数千万顷，没收奴婢为两税户 15 万人，另外还强制大秦穆护、祆教僧 3000 余人还俗。唐武宗灭佛沉重打击了寺院经济，增加了政府的纳税人口，扩大了国家的经济来源。在"废佛"的过程中，对其他外来的四教：祆教、摩尼教、景教和回教，也都采取了相应的废除手段。凡国中所有的大秦寺（景教）、摩尼寺，一并拆毁。僧尼迫令还俗者共 26.05 万人，解放供寺院役使的良人 50 万以上。政府从废佛运动中得到大量财物、土地和纳税户。

当时，唐朝在全国范围内开展禁佛毁寺运动，许多僧人为了逃生，大多投奔到了幽州。皇帝已下定决心要灭佛，李德裕只好执行，他来到关卡，召来一名负责发布通告命令的官吏说道："替我带句话给张仲武，当初昭义军镇的刘从谏招纳朝廷所缉拿的亡命之徒，对抗朝廷，在如今看来，他当时的招纳对他又有什么好处呢？"

李德裕话中有话，张仲武听了十分害怕，就把一口刀交给居庸关的官吏，下令："再有僧人敢入关者，杀无赦！"

主客郎中韦博认为毁佛之事不应做得太过分，有人把这些话传到皇帝耳朵里去了，皇帝下令要严惩，李德裕就将韦博贬谪为灵武节度副使。

为了增加国库收入，李德裕向唐武宗请求设置备边仓库，命令户部每年输入钱、帛十二万缗、匹，度支使和盐铁使每年输入钱、帛十二万缗、匹，第二年减少其三分之一的输入，全国诸道所进的助军财产财物也都输入备边仓库，任命度支郎中来掌管这项事务。

唐武宗的王才人在后宫最得宠爱，唐武宗想立王才人为皇后。李德裕认为王才人出身寒族，而且没有生儿子，恐怕不合天下人的愿望，因而上言劝阻，唐武宗于是放弃了这一想法。

这一年十月，唐武宗皇帝又发布敕令说："原来佛寺用以济贫的养病坊，因为僧尼还俗为民，无人主持，恐怕有疾病或残疾的人无处供给食物，两京酌情赐给寺庙一些田地，以赈济他们。各州府都要在本地选出一名德高望重的老人管理田地，以田地作物作为救济粮。"

在灭佛同时，大秦景教穆护、袄教僧悉令还俗，寺亦拆毁。但当时地方藩镇割据，唐中央命令因而不能完全贯彻，如河北三镇就没有执行；有的地方执行不力。这是一次寺院地主和世俗地主矛盾的总爆发，佛教遭到的打击是严重的，佛教徒称之为"会昌法难"。

这次禁佛毁寺运动是唐朝历史上一次重要历史事件，具有一定的社会进步意义。使跻身寺庙的四十多万人还俗，解放了大量的社会劳动力。收回良田千万顷，进一步增强了社会生产力，增加了国家财政收入，促进了唐朝综合国力的提高。至于儒家与佛教的矛盾，虽然中唐韩愈提出激烈的反佛崇儒主张后，不断有身体力行实践这种主张的儒士如姚崇、李夷简、石昂父子等，但从唐诗文中可以看出有更多的儒家知识分子对佛教理论有诸多学习和吸收，并且儒家势力在"会昌灭佛"的发动中确实也没有起到多么大的作用。有唐一代，释、道、儒三教都很繁荣，相互竞争也很激烈，并且出现儒道合力排斥佛教的现象，但到中晚唐时期三教的相互融合吸收已成为主流。"会昌灭佛"不仅是宗教斗争的结果，更是唐武宗对势力过于膨胀以至于影响到社会经济的宗教组织的一次打击行动。

第十八章

爱茶宰相

　　唐朝宫廷茶风盛行，达官贵族几乎人人嗜茶，李德裕也不例外。

　　李德裕饱读经史，他一生嗜茶与家庭氛围有关，李德裕的祖父李栖筠是中国茶史上重要的人物，可以说是他改变了唐朝贡茶的格局。

　　李栖筠曾任常州刺史，与陆羽有过交往，且在陆羽的建议下，将义兴阳羡茶上贡给皇帝，从此阳羡茶成为贡茶。此前朝廷的贡茶主要为蜀茶，其蒙顶茶被传为天下第一茶，进贡的蒙顶茶要通过道路崎岖险恶的剑门关，一路艰难运到京师长安，普通人难得一尝。而阳羡茶的上贡，直接影响了蒙顶茶的售价，也有利于中国茶产业从偏隅的四川向东南转移，有利于东南茶产业的发展。李德裕的父亲李吉甫还编纂了一部开拓性的地理学专著《元和郡县图志》，书中就记载了蒙顶茶进贡以及顾渚茶进贡的概况，是当今茶文化研究者不可或缺的资料。

李德裕未当宰相前就常与爱茶人李绅、元稹一起烹茶论道，朝中称三人为"三俊"，《旧唐书·李德裕传》中有载。李德裕当上宰相后，对饮茶的喜爱更加深厚，对饮茶的享受更加极致，对煮茶水更是大有研究，是继陆羽之后又一辨水高手。

由此可看出，关于泡茶也要讲究其是什么水，对于水质的要求很重要，其实在今天，依然如此，水质的优劣，影响着茶的口感。而在古代喝茶水质也有很多讲究，最好便是山上水——泉水，水的饮用称为五之煮。陆羽《茶经》有记载，关于水："其水，用山水上，江水中，井水下。其山水拣乳泉、石池漫流者上；其瀑涌湍漱，勿食之。又水流于山谷者，澄浸不泄，自火天至霜郊以前，或潜龙蓄毒于其间，饮者可决之，以流其恶，使新泉涓涓然，酌之。其江水，取去人远者。井，取汲多者。"

李德裕精于茶理，对水的鉴别也堪称神奇。五代南唐尉迟偓《中朝故事》记述了李德裕精辨长江水的故事：

李德裕饮茶对水特别讲究，身在长安京都，却嗜好江南之水。有一天，他的一位好友要去京口（今江苏镇江市）公干，李德裕知道后喜形于色，便对他说："你回来的时候，请为我取一壶金山（在镇江江边，当时的金山尚在江心）附近的南零水。"

那人答应而去。至京口数日后办完事便欲浮江而上，赶回长安。没想到那人兴许事情办得顺当，上船后便开怀畅饮，贪杯而醉，早把宰相李德裕所托之事抛于脑后。及至船抵建业（今南京），他才醉梦方醒，猛然想起为宰相取水的事还没办呢，咋办？那人向船舱外望去，但见一江春水向东流，自忖此时此地的长江水，要不了多久即是下游方向的金山南零水，又何苦再返舟取水？反正都是一江水，在此灌上一壶得了，只要没人看见，李大人不会知道。于是，他赶忙汲了一壶建业石头城下的江水，返京送给李德裕交差。

李德裕见水取到，即刻烹茶品茗。谁知他呷了一口，顿露惊讶之色，叹道："唉！江南的水怎么大不同于往年，其味差多了。"过了一会儿又说："这水太像是建业石头城下的江水！"

那人闻言吃了一惊，看来在李德裕跟前卖不得"荒秤"，便吐露真相，一再谢罪。

与陆羽鉴水相似，这则故事也把李德裕说得有点神乎其神了。

宋代唐庚在《斗茶记》中也讲述了一则李德裕嗜惠山之泉成病，而不惜代价以求的故事："唐相李卫公，好饮惠山泉，置驿传送不远数千里。"

无锡惠山寺石泉水曾被陆羽列为天下第二泉，仅次于庐山康王爷水帘水（见张又新《煎茶水记》）。这李德裕除了雅好南零水外，还特别"垂青"于惠山泉。但无锡与京师长安远隔数千里，惠山之泉如何能得？像南零水那样请人顺便捎带则机会不常有，还得防人偷懒，弄些别的水搪塞。也许李德裕想起在唐德宗贞元五年（789年）时，宫廷里为了能喝到上等的吴兴紫笋茶，曾传旨吴兴地方官，每年贡茶必须一日兼程，赶在清明节前到京，是为"急程茶"。后来，李郢有诗道："一日王程路四千，到时须及清明宴。"最终，李德裕利用自己身为宰相的权势，传令在两地之间设置驿站，建起了一条惠山泉的特快专递线，从惠山汲泉后，即由驿骑站站传递，停息不得，时人称之为"水递"。这也真有点像唐玄宗时杨贵妃的千里快骑送荔枝。

后来有位僧人对李德裕说："我已为相公通了一条'水脉'，在京师长安城里有一眼井，其水与惠山泉泉脉相通，汲之以烹茗，那味道没一点差异。"

李德裕听罢十分惊异，问："这井在城里什么地方？"那僧人说："昊天观常住库后面的那口井就是。"李德裕将信将疑，为了一辨僧人之言的真伪，他派人取来惠山泉和昊天观井水各一瓶，混杂在其他八瓶水中，让僧人辨认。这僧人颇有些本事，他只取装有惠山泉和昊天观井水的两只瓶子，使李德裕大为叹奇。

这则故事的僧人通"水脉"一节自然荒诞。唐庚对李德裕"水递"一事评论道："水不问江井，要之贵活。千里致水，伪固不可知，就令识真，已非活水。……罪戾之余，得与诸公从容谈笑于此，汲泉煮茗，以取一时之适，此非吾君之力欤！"

明代屠隆在《考槃余事》中对此事更是一针见血地指出："清致可嘉，有损盛德！"评价得极为到位。

连皇帝喝茶用的水都只取自长安，他一个宰相却要喝这千里外的泉水，劳民伤财不说，还遭受不少非议，这显然不现实，是杜撰的，不可信。晚唐诗人皮日休作了首诗，名曰《题惠小泉》："丞相长思煮茗时，郡侯催发只忧迟。吴关去国三千里，莫笑杨妃爱荔枝。"说的就是李德裕，为了烹茶从无锡惠山泉运水到长安，前有杨贵妃的"一骑红尘妃子笑"便可知虽然唐代有水陆交错的交通线，但是当时交通工具并不发达，千里运送水更是劳民伤财，运水是为了烹茶不免有点滑稽可笑，这件事难免使李德裕名声受损。李德裕当宰相时得罪了不少人，难免有人对他有偏见。

唐代《玉泉子》、五代南唐尉迟偓的《中朝故事》均记载："唐有人授舒州牧。李德裕谓之：'到彼郡日，天柱峰茶可惠三数角。'其人献之数十斤，李不受，退还。明年罢郡，用意求之，获数角，投之，德裕阅之而受。'此茶可以消酒食毒'，乃命烹一瓯，沃于肉食内,以银盒闭之。诘旦开视,其肉已化为水,众服其广识也。"

这段文字的意思是说,有人将赴舒州(治所今安徽潜山市)担任刺史,临行前,时任宰相李德裕再三吩咐,到了任地就帮助弄一点天柱茶。"角"是古代的一种量器,"三"是虚数,三角数量并不算多。这位刺史到任后立即献上天柱茶,谁知竟然有几十斤,李德裕没有接受,退还了。第二年,此人将调离舒州,于是用心搜求,获得数角天柱茶再次献上。这一次,李德裕不仅愉快地收下,还夸奖天柱茶可以解酒化肉。他命令手下人在银盒里装进肥肉,煮了一碗天柱茶汤浇进去,然后用盖子密封起来。第二天,打开银盒子一看,惊奇地发现肉已经化成了水,众人对李德裕的广见博识佩服得五体投地。

李德裕高度评价天柱茶,情牵天柱茶,亦被他的后人铭记在心。其兄李德修,为唐代著名的文学家,曾出任舒州刺史,于宝历二年(826年)率十二个官场好友畅游天柱山脚下的石牛古洞,留存石刻记录了同游者的籍贯和姓名,字体正楷,遒劲有力,是不可多得的书法艺术珍品。二百多年以后,裔孙北宋李师中将李德裕等祖先之名,刻写在天柱山山谷流泉的岩壁上,以志永久的纪念。唐代时期,天柱茶能够受到一代名相如此青睐,其解酒消食、提神益思的功效亦被交口称赞,充分体现了天柱茶声名远播、品质一流,这实在是一件引以为豪的事情。

李德裕"婉拒香茗"的故事,留给后人很多启示:对贵为一人之下万人之上的李宰辅来说,莫说几十斤天柱茶,纵车载斗量亦不为过。

说完了这些故事,我们再来看李德裕的这首诗《故人寄茶》:

> 剑外九华英，缄题下玉京。
>
> 开时微月上，碾处乱泉声。
>
> 半夜邀僧至，孤吟对竹烹。
>
> 碧流霞脚碎，香泛乳花轻。
>
> 六腑睡神去，数朝诗思清。
>
> 其余不敢费，留伴读书行。

一、二两句，讲的是来历。所谓"九华英"，指的应该是九华茶。这种茶产于安徽青阳西南的山中。此山原名九子山，唐代诗人李白改称其为九华山，现为中国佛教四大名山之一。此时的李德裕正在长安为相。所以安徽的"九华英"制成后，才要缄题封印送往京城。

三、四两句，讲的是准备。茶拿到手中，却不能马上喝。前期的准备工作，总是少不了的。

《茶经·六之饮》中写道："茶有九难：一曰造，二曰别，三曰器，四曰火，五曰水，六曰炙，七曰末，八曰煮，九曰饮。"难，是个多音字。读二声，组词为困难。读四声，组词为磨难。结合《茶经》的上下文，应解为磨难之意。唐僧取经，经历九九八十一难。一杯好茶，也要历经九难，方成正果。这其中，"六曰炙，七曰末"便对应着这首《故人寄茶》的三、四两句了。

唐代是蒸青茶饼，喝之前要把茶饼碾破，这便有了"碾处乱泉声"的诗句。除此之外，这两句有个细节，值得格外关注。既是"微月上"，说明诗人喝茶时已是入夜，为何不白天喝茶呢？估计是忙于公务。为何要晚上喝茶呢？自然是要缓解疲劳。这句"开时微月上"，不是爱茶之人是写不出来的。

五、六、七、八四句，写的是喝茶。俗话说："酒逢知己千杯少，话不投机半句多。"在这层意思上，茶与酒同为一理。饮茶人数可多可少，但需投缘。李德裕得到九华英，特意邀请高僧一同品尝。他有了好茶，并不是请来王公贵胄，也不是叫来同僚部下，而是"半夜邀僧至"。也就是说，李德裕希望喝茶时聊文学、聊艺术、聊禅机，享受片刻的清闲和短暂的放空。

九、十两句，写的是感受。一杯茶下肚，涤昏祛睡，顿觉清爽。被繁冗公事压制的灵感，一下子都涌现了出来，便又有了"数朝诗思清"一句。李德裕虽从政，但更爱文。《全唐诗》卷四七五中写道："德裕少力学，善为文。虽在大位，手不去书。"

茶事，让李德裕暂时忘却了俗事。这一刻，宰相李德裕消失了；这一刻，文人李德裕出现了。放下工作，回归自我。这才是茶的千年魅力。

最后两句，表明的是珍惜。剩下的茶，不敢有丝毫的浪费。小心翼翼地收起来，以备下次再饮。堂堂宰相，对一份茶何必如此珍惜呢？其实，李德裕珍惜的不光是茶，更是饮茶的时光。人不论贫贱富贵，在生活中都会有烦恼。一味地纠结过去与未来，便无法安心过好当下的生活。过去的已经过去，不必纠结；未来的还未到来，不必忧虑。话虽如此，但人总不能免俗，还是会不自觉地思虑。这时候，茶便有了作用。先从准备到烹煮，再从品饮到回味……

茶事，让我们专注于当下这一刻。此时，人会变得无所挂碍，自由自在。就连唐朝的宰相，也在一瞬间找回了赤子之心。这样的状态，李德裕怎能不珍惜呢？

第十九章

朋党之事

李德裕在大力革除政治弊端的同时，又向朝廷提出精简官府机构和官员，精简掉那些闲散多余的官吏，才是从根本上治政之道。李德裕已私下做了统计，各州、县的辅佐官吏闲散人员太多，计有两千余名。

李德裕上表被唐武宗皇帝批准后，诏令吏部郎中具体负责裁减官吏的工作。不久，吏部郎中上表朝廷说裁减了多余的官吏一千二百一十四名。当时，被裁减的那些官吏都非常痛恨李德裕。

李德裕心中怨恨太子太傅、东都留守牛僧孺和湖州刺史李宗闵，就对唐武宗皇帝说道："刘从谏占据上党十年，在文宗太和年间曾入京朝见，当时牛僧孺、李宗闵执掌朝政，没有把刘从谏留在京城任职，反而给他加了宰相头衔后放回了昭义军镇，以至于造成了今天的祸害。朝廷竭尽天下的力量才平定了昭义军镇的叛乱，这都是牛僧孺、李宗闵两人引起并造成的过错。"

唐武宗皇帝觉得李德裕说得非常有道理，但又没有证据能证明牛僧孺、李宗闵与叛军刘从谏父子有牵扯。李德裕就派人悄悄到潞州搜求牛僧孺、李宗闵与叛军刘从谏交往的书信，刘从谏的家早就被洗劫一空，因而没有得到任何有价值的东西，孔目官郑庆说刘从谏每得牛僧孺、李宗闵的书信，都亲自烧毁。唐武宗下诏追查郑庆此话的来源，并由朝廷御史台审问。御史中丞李回、御史知杂郑亚审查后，认为郑庆所讲的话可信。

河南少尹吕述写信给李德裕，说刘稹败亡的消息传到东都洛阳时，牛僧孺发出了叹息之声。李德裕奏报了吕述的书信，唐武宗皇帝看了书信后大为愤怒，下诏贬降牛僧孺为太子少保分司东都，李宗闵为漳州刺史。不久，再贬降牛僧孺为汀州刺史，李宗闵为漳州长史。再不久，朝廷又贬牛僧孺为循州长史，李宗闵被长期流放在封州。

牛僧孺、李宗闵固然没有多少政绩，特别是李宗闵的人品似乎也不高，当年他们做宰相时，排挤打压李德裕，把他一贬再贬，几次想置他于死地。如今宰相李德裕这样做，显然也有个人恩怨的成分。

有一次，唐武宗皇帝和宰相谈论起了朋党之事，《新唐书·李德裕传》原文是这样叙述的：唐武宗问道："有人说孔子其徒三千人也可以算是朋党，是这样的吗？"李德裕回答道："汉代刘向说过：'孔子与颜回、子贡只是互相称誉，不能算为朋党；禹、稷与皋陶互相推荐，不能算是结党营私，因为他们没有邪恶的用心。'臣认为，共、鲧、驩兜与舜、禹同处在尧统治时代，共工和驩兜则为朋党，舜和禹不为朋党。小人互相亲近结党营私，是为了相互遮掩、庇护作恶罢了。贤能的人则完全不是这样的，同心同德忠于国家，志同道合讲求信义，公务之余忙于自己的事，不因私利交往。赵宣子、随会都善于采纳谏议，司马侯、叔向平等侍奉君主，不能算为朋党。公孙弘每次与汲黯向君主进言，汲黯先发言，公孙弘其后，汉武帝对他们两人所说的话都能听得进去。汲黯与公孙弘即使为同一件事发言，虽然朝廷中也有人说他们两人同谋计划好，再先后发言，然而他们也不能算是朋党。先朝太宗皇帝与房玄龄图事，房玄龄就会说，这件事非杜如晦不能筹划。而等到杜如晦在时，杜如晦也推许房玄龄的策略。他们两人同心同德为国家谋求发展，也不能算是朋党。汉代的朱博、陈咸相互结为腹心，背弃国家结死党，营私舞弊。周福、房植各自凭借他们的朋党势力相互倾轧，互相攻讦，因此，朋党开始于甘陵二部。等发展到严重的时候，就要称为钩党，接着就要被诛灭。从朝廷和国家的大局而言，这并非不幸的事情。周朝衰败，列国四公子有信陵君、平原君、孟尝君、春申君，游说活动的政客都以四公子为首领，因此，四公子各有门客三千，都以谲诈手段互相争权夺利，比较高下。孔子的弟子，只推行仁义。如果现在的人拿这些来相提并论，那就错了。我不知道皇上所说的朋党是为国家呢，还是为自己？倘若是为了国家，那么，随会、叔向、汲黯、房、杜的道义主张和做法是可以实行的，不应当称之为朋党。今所谓朋党是指诬善蔽忠，附下罔上，车马驰驱，以趋权势，昼夜合谋，美官要选，悉引其党为之，如果不是他们的同党一伙，他们就压制、排斥，并最终使之丢掉官位。孔子的弟子，有这样的人吗？皇上用这个标准来审查朝廷百官，那么谁奸谁伪就能够看得出来了。"

这是李德裕就史论事，对朋党概念进行定义的一段精当论述。这与李德裕第一次当面拜谢唐武宗皇帝时所发表的辨邪正的道理是一脉相承的。在李德裕看来，历史上的奸邪小人串通一气，拉帮结派，徇私舞弊，祸害国家，就是朋党；相反，那些忠贞的大臣联结在一起是共同为了国家的发展，同心同德，志同道合，而不是朋党。他明确指出，陷害善良，压制排斥忠直的人物，拉拢下属同党，整日奔走串通，依附权贵势力，昼夜在一起谋划，把美官要职全部授给他们的同党，如果不是他们的同党一伙，他们就压制、排挤，并最终使他们丢掉官位，这样的人才是所谓的朋党，比如"八关十六子"，这些人内结中官，外扇朝士，立朋党以沮度。

文宗太和七年（833年），李德裕入朝担任宰相拜谢之际，文宗也与他谈论朋党，当时李宗闵等人结为朋党，干涉朝政，自称"无党"的李德裕毫不讳言地说："当今朝廷大臣之中三分之一的人就是朋党。"李德裕为相后，尤避结党之嫌，声明：各路官员无事不得随便去宰相阁！此后，李德裕开始清洗那"三分之一"的"朋党"，当年被排挤的"非朋党"成员又纷纷回到京城，牛僧孺、李宗闵均遭贬谪，朋党之争一度消歇。李德裕在位时，确实厌恶朋党，因而提拔了不少孤立无援的寒门后进。当他被贬谪崖州的消息传开后，致有"八百孤寒齐下泪，一时南望李崖州"的诗句，当然这一切都是后话了。

李德裕自认并不是朋党人物。但后来学者和史学家，大多还是认为他是朋党人物。对朋党之争，是非功过，众说纷纭，有人认为他们之间的斗争完全是为了本集团的利益，斗争的结果造成了政治的黑暗和政局的不稳。因此，"牛李党争"并没有积极意义，而是加深了唐朝后期的统治危机。

会昌四年（844年），唐武宗又与李德裕谈论起了朋党。在文宗和武宗两位皇帝的心目中，他们始终认为李德裕不是朋党人物。李德裕在唐武宗会昌年间做宰相，始终不喜欢交结朝臣，私下往来，他的家里也少有宾客。

李德裕的儿子李烨为人谨慎，廉洁自律，在他父亲李德裕出任宰相期间，也极少结交朋友，甚至于亲戚、好朋友都极少见他一面。曾经有他的一个亲戚想要托李烨向他做宰相的父亲李德裕推荐一下，并准备送他一份厚礼。李烨回答说："我身为宰相的儿子，不敢徇私讲情。家父家教严，时刻不敢忘怀，你所请托的事，我办不了。"亲戚只好作罢。

由此可见，李德裕不喜欢交往、结纳朝臣等社会人物，而且家教甚严，连他的儿子也为人谨慎，廉洁自律，不为人情利益所动。所以，李德裕这样一个洁身自好的人物，当然就不可能结纳小人，拉帮结派，营私舞弊了，更难说成他是"朋党之魁"了。

唐代中期以刚直进谏著称的名相李绛关于朋党的论点也与李德裕相符合，他认为贤德正直的人多以类聚，那是志同道合，不是同党，更不是朋党。

清代王士禛在《香祖笔记》里说，李德裕团结的都是一帮正人君子，而牛僧孺、李宗闵、杨虞卿毫无功业、政绩可言，全是小人。

平心而论，李德裕不能算是朋党。道不同不相为谋。按照现在的说法，李德裕跟他们三观不同而已。李德裕只是受到了李宗闵、牛僧孺等人的朋党迫害之累。正是由于他的忠贞和刚强，才使他站在了牛僧孺、李宗闵等朋党的对立面。

会昌五年（845年）正月，大唐王朝出了一件通天大案——吴湘案。说它通天，倒不是因为牵连人数多，事实上这案子牵连人数极少，最为核心的人物只有一个，那就是当时出任扬州江都县尉的吴湘。案情也不算特别严重，吴湘被人举报贪污公款，强娶民女，强霸一方。既然案子不大，为什么说它通天？原来，这案子刚一出来时，是淮南节度使李绅审理的。李绅本年已经七十四岁了，接报后立即将吴湘逮捕下狱，判以死刑，上报到朝廷请求批准死刑。

这个吴湘是吴武陵之兄的儿子，也就是侄子，吴武陵本人性格极端暴躁、轻浮，跟很多人都有过冲突，也曾跟李德裕的父亲李吉甫发生过冲突。但他也有很大的关系网，李德裕一向讨厌吴武陵。

吴湘家人和吴武陵开始在朝廷活动，谏官上表说可能是冤案，请求对此案重新调查。朝廷于是派监察御史崔元藻前往扬州复查。崔元藻调查后发现，吴湘贪赃属实，但款项不多，强娶民女之事则不实，所以罪不至死。李德裕认为不能改变所定之案，要严厉打击地方恶霸，杀一儆百，就按照李绅所奏，将吴湘处死了。

当时朝廷谏议大夫柳仲郢、敬晦都曾上表对此案有争议，没有得到采纳。不久，李德裕提拔任用柳仲郢做了京兆尹。柳仲郢平时与牛僧孺关系非常好，李德裕并没有因为他曾在牛僧孺属下做事而感到疑忌，他任人唯贤，不拘一格，以至于令获得重用的柳仲郢感激涕零。

唐武宗心里非常清楚，他也知道朋党之争，但他睁一只眼闭一只眼，他需要双方的制衡和约束，这样他就有更多的时间去修仙。

唐武宗吃了道士烧炼的金丹后，忭情变得暴躁，喜怒无常。但没人敢劝皇帝不要吃金丹，谁要劝说就砍谁头。太宗、宪宗、穆宗、敬宗都吃金丹，结果都没能成仙或者长生不老，相反寿命都很短，但他们都相信自己能长生不老。这些话李德裕心里也非常清楚，但他不能当面对皇帝说，这可是要掉脑袋的，皇帝发起火来，六亲不认。李德裕忧心忡忡，但又没更好的办法，他只好把心思放在朝廷的管理上。会昌六年（846 年），雨水不调，导致灾旱。因为当时绢帛便宜，钱币价值重，造成了百姓困顿。李德裕主持的中书省采取了一些有效措施进行改善，来挽回朝廷的损失。

李德裕掌权的时间久了，有时会根据自己的好恶处置官吏，使很多人心怀怨言。宦官不时地在唐武宗左右说李德裕太专权，唐武宗也不高兴。给事中韦弘质上疏唐武宗，声言宰相的权力太大，不应该再掌管户部、度支、盐铁三司的钱谷。李德裕为此也上疏唐武宗，声称："任用官员，本是皇帝的权柄。韦弘质受人教唆，竟然对皇帝赋予宰相的权力妄持异议，真是卑贱人企图潜害掌有权柄的大臣，这些话哪里是韦弘质这种人可以妄说的呢？"不久，韦弘质为此被贬官，于是众朝臣打抱不平，怨怒更甚。

唐武宗成仙的愿望非常迫切，他又遣道士赵归真等在宫中烧炼丹药，他急切地想要得到道士们炼制的更多仙丹妙药，于是多次催促。赵归真无计可施，就故意给唐武宗开出了一个炼制仙药所需的永远无法备齐的用药清单，并说有一种仙药只能去吐蕃采制。唐武宗下诏不惜人力物力及时采摘，进贡朝廷，以便炼制。

唐武宗还经常斋戒沐浴，亲自参加祝祷，希望天上神仙保佑，福佑自身早日成仙。唐武宗由于经常服用所谓的仙丹妙药，身体受到极大损伤。在药物副作用之下，他开始变得容颜消瘦、性情乖张。赵归真哄骗他这是在换骨，是正常情况，唐武宗深信不疑。

身边的人委婉地规劝他少服丹药，他也不听，对于长生的狂热追求使唐武宗难以自拔。赵归真为了防止皇帝身边的人规劝皇帝，让皇帝把自己封闭起来，并宣称外人一概不能打扰，只有这样才能身心清静，心诚则灵。

这一年的三月，唐武宗身体不适，这时候，道士们依然编造鬼话欺骗他。他们告诉唐武宗，生病是因为皇帝的名字"瀍"从"水"，与唐朝崇尚土德不合。土胜水，"瀍"被土德所克制，所以不利，应该改名为"炎"，炎从"火"，与土德相合，可以消除灾祸。然而，改名并没有给唐武宗带来鸿运，他病情日渐加重，旬日之间口不能言，宰相李德裕等请求觐见，也没有得到允许。

唐武宗改名后的第十二天，即三月二十三日，宫中就传出了唐武宗驾崩的消息，享年三十三岁。他的妃子王氏殉节自缢而死。唐武宗成为太宗、宪宗、穆宗之后，又一位因为服食仙丹而死的皇帝。

第二十章

一贬再贬

　　宦官宣布唐武宗皇帝的遗诏，以光王李怡在灵柩前即皇帝位。唐武宗死后第二天，李怡就即皇帝位，改名李忱，时年三十七岁，是为宣宗皇帝。

　　李忱是唐宪宗的第十三子，唐穆宗的弟弟，唐敬宗、唐文宗、唐武宗的叔叔。李德裕突然明白了：唐武宗皇帝在病危的关键时刻，他无法见到皇帝的面，如果由他来支持选定继承皇位的人，李忱或许不会被拥立为皇帝。不仅在李德裕的眼中，而且在大家的眼中，都普遍认为李忱少言寡语，加上他生母出身卑贱（李忱的生母郑氏原为镇海节度使李锜的侍妾，李锜谋反失败后，郑氏入宫为郭贵妃的侍女，后来被唐宪宗临幸，生下李忱），遭人歧视。李忱当了皇帝，李德裕是无法接受的，随即他明白了是什么原因让他不能见生病的唐武宗。其实在唐武宗病重之时，宦官就已经蠢蠢欲动。因为对于晚唐的宦官来说，皇帝的更替是一次进行权力重组的大好机会。只要在这个关键时刻选准了对象，日后

202

的富贵荣华便唾手可得了。正是因为这种强大的利益驱使，内侍仇公武首先提出支持光王李怡为帝。仇公武之所以提出这样的建议是有其深刻原因的。宦官知道光王李怡是憨痴之人，即位之后一定会无所作为，这样好受宦官摆布，所以仇公武拥立光王的想法一经提出，马上就得到了左军中尉马元贽的赞同。

李德裕才智过人，用兵如神，权重朝廷，虽然一度抑制了宦官的势力，借助唐武宗的威势，震慑和调走了宦官仇士良等人，但他根本无法干预新皇帝继承人的拥立，因为他所经历的几个皇帝都是由宦官拥立的。

遗诏颁布后，李忱代理朝政，很快把唐武宗因病积压的政务处理得有条有理。李忱的不俗表现让所有人大惊，群臣因拥有一个英明睿智的皇帝而高兴和欣慰。光王的韬光养晦、厚积薄发，背后真实的心机和目的可见一斑。

会昌六年（846年）四月，唐宣宗开始处理朝政。第一件事就是把宰相李德裕及他的一班人马全部拿下，李党尽贬，还下诏李德裕任检校太尉、同平章事、江陵尹、荆南节度使。同时下诏，召牛僧孺、李宗闵等人还朝为官。李宗闵此时因病卧床不起，接到诏令非常兴奋，还没进京就在赴任途中病故了。

李德裕是"牛李之争"的主将，有人说他为祸朝廷很多年，这种说法有失公正。李德裕是个高明的政治家，他清除异己也会考虑到对朝廷的利益是否有害。然而，宣宗也不失高明的政治家，想迫害无辜也不需要什么理由，毕竟一朝天子一朝臣。唐宣宗把这些看得非常清楚，所以要想实现中兴，第一件事就是驱除大臣党争。而把李德裕驱逐出朝，也意味着结束了长达半个世纪的"牛李之争"。接着，宣宗再治理宦官专政。除了凡事自己亲自管理，绝不交给宦官外，还对宦官进行了一次严厉的敲打。

唐宣宗亲自上手熟悉处理朝政，最显著的表现是吏部对多如牛毛的官员都分不清楚，尤其是六品以下的官员。宣宗让宰相白敏中把百官编制一套五卷本的《具员御览》，放在案头通读强记，力争了解官员的所有情况，从而明察秋毫。此外，他还经常借游猎为名，出去微服私访，查探民情。天下之大，他不可能都走遍，于是命令翰林学士韦澳将天下各州的风土人情以及民生利弊编为一册，命名为《处分语》，专门供他阅览。

李德裕做宰相掌权时间很久，功业显赫，朝廷内外的大臣都没有想到李德裕突然会被罢职，听到这个消息后，无不感到震惊。唐武宗在世时，那班不得志的同僚都嫉妒李德裕的功业，比如白敏中、令狐绹等人，在会昌年间，李德裕不因他们是政敌的党羽猜疑他们，将他们安置在台阁任职，十分优待他们。崔铉因在会昌末年被罢相，所以也怨恨李德裕。如今李德裕失去权势，他们拍手斥骂，落井下石，同谋排挤贬黜李德裕。而此时，白居易的堂弟白敏中代替李德裕做了宰相。

唐宣宗一主政就迫不及待在京城恢复了佛教，并重建寺院。接着又杀了道士赵归真、刘玄靖等十二人，因为他们的道术学说曾经蛊惑了唐武宗皇帝，排斥诋毁佛教。

九月，朝廷以荆南节度使李德裕为东都留守，免去了同平章事的职务。第二年二月，唐宣宗下诏以检校太尉、东都留守李德裕为太子少保，分司东都，李德裕被逐出京城，闲居东都洛阳。此时，李德裕似乎隐隐地感觉到了危机即将来临。

李德裕闲居东都洛阳时，还有这样一个传说。

有一天，李德裕在街上遇到一位高僧，他便向高僧询问自己的前程。占时候人们对于算命看相这些还比较信服，连皇帝都请人观星象占卜吉凶，上行下效，下面的人自然也有如此做的。高僧打量了李德裕一眼，欲言又止。李德裕吩咐下人赏钱。高僧认真地说道："这位相公将来会被贬到距离此处万里之远的南方去，但你也别太担心，你还是能回来的，因为相公你命中注定一定要吃 1 万只羊的，现在还差 500 只羊没吃，所以一定能够再回来的。"

李德裕听完高僧的话，大吃一惊，一天吃一只，一年 365 天，那么也就是说自己还能活一年多，他对高僧说："师父真乃神人也！不瞒您说，我曾在元和年间做过一个梦，梦见自己走到了晋山，看到晋山满山坡都是羊群，几十个牧羊人都告诉我，说这些羊都是给侍御吃的。这么多年了，我还一直记得这个梦，而且从来没有向其他人提起过，您是第一个知道我这个梦的人。"

此事过后十多天，振武节度使米暨派人送了 500 只羊给李德裕，李德裕再次震惊不已，赶紧把这件事告诉了高僧，并问道："大师，我不吃这些羊的话，可以避免灾祸吗？"

高僧说："反正羊已经是你的了，你怎样处置它们都可以。"

不久之后，李德裕果然遭到贬谪，被贬到了万里之外的崖州，最后死在了那里。关于李德裕的这个"食万羊"的典故，后来演变成听天由命的意思，表示未来不可强求。这个故事并不可信。中国的卜筮为《易经》衍生品，所以僧人是不会去卜筮的，也不会修习卜筮之术，更不用说文中的"高僧"了。如果整只羊吃完才算吃一只的话，那一万只羊，如果净肉重 15 公斤的话，按一天三顿每顿吃一斤，吃完得差不多 300 年，如果加倍按 6 斤肉一天的话，那也得吃 100 多年，而李德裕也只活了 60 多岁。所以，这个李德裕"食万羊"故事不可信。这时，宰相白敏中又举荐崔铉到中书省任职，二人结党营私，合谋贬斥李德裕，怂恿他的党羽李咸告发了李德裕做宰相辅政时的一些隐私之事。

不久，白敏中又指使前永宁县尉吴汝纳呈状，指控李绅镇守扬州时错断刑狱。于是，前永宁县尉吴汝到朝廷诉称冤屈，说："我的弟弟吴湘任扬州江都县尉时，被节度使李绅诬陷说是犯贪污之罪，宰相李德裕徇私附和李绅，判令我的弟弟吴湘死罪，其实我的弟弟是冤枉的，请还我弟弟一个公道。"

宣宗下诏让御史台重新审查定罪。当时李绅已死，死无对证，宰相白敏中又指使呈状，结果自然在意料之中，定性为冤案，为吴湘平反。西川节度使李回、桂管观察使郑亚、中书舍人崔嘏等皆以与此案牵连而遭贬。李绅虽已去世，但按照唐朝的规定，酷吏即使死掉也要剥夺爵位，子孙不得做官，因此，死去的李绅受到了"削绅三官，子孙不得仕"的处罚。李德裕已被贬，俯察全部罪状，特别从宽发落，按照去年的命令为准进行处分。李德裕直接从太子少保的位置降为潮州司马，这一事件才得以结束。

吴湘案被"平反"后，朝廷上的大臣，没有人为李德裕辩解、开脱，甚至朝野舆论中认为这是他咎由自取。对于世态人情的淡漠，李德裕早就料想到了，官场上的世态炎凉，人走茶凉，他早就经历过多次，见怪不怪了。只是让他没有想到的是，淮南府佐官魏铏因此案牵连，被捕下狱。办案官让他诬陷李德裕，被拒绝，遭到严刑逼供，魏铏始终不屈服，最后被贬到岭南死掉了。丁柔立直接上疏说李德裕是冤枉的，结果被贬到南阳。

吴湘之狱涉及"牛李党争"，对唐代中期的政局影响颇大。但有关此案的材料佚失已久，正史之载多有不实，致使案情晦暗不明。当时李商隐还写了一首诗《明神》："明神司过岂令冤，暗室由来有祸门。莫为无人欺一物，他时须虑石能言。"此诗乃为李德裕无辜被诬、有功被逐鸣不平而作。后来，关于吴湘一案，晚唐五代野史笔记，对李绅、李德裕也有污蔑之词，所载皆非事实。

大中二年（848年）正月，李德裕携家眷、族属自洛阳发遣，此时他两鬓斑白，身体多病，由家人陪同，坐在船上面对漫漫长夜，感慨万千。他一心为了国家，为朝廷建立了丰功伟业，却无缘无故被罢了宰相不说，还被贬到几千里外的异乡，危难之时又遭到小人恩将仇报。当船行到汨罗江时，他想到了屈原，又想到了自己，停船凭吊，写了一首诗《汨罗》："远谪南荒一病身，停舟暂吊汨罗人。都缘靳尚图专国，岂是怀王厌直臣。万里碧潭秋景静，四时愁色野花新。不劳渔父重相问，自有招魂拭泪巾。"

李德裕到达潮州时已是冬天，朝廷又贬他为潮州司户。此时，牛僧孺也病故了。李宗闵和牛僧孺都死了，李德裕心里忽然有点悲伤起来，也许自己的岁月也不多了，斗来斗去，最后又得到了什么呢？

唐代大官犯了公罪，多半是贬到远方做州县以下的官，称为左降官。这种官只有官名，没有任职，名为员外，置同正员，其实只能领少数的生活费而已。地方官对左降的朝官总是另眼看待，不敢以僚属相待。这种闲官，李德裕突然觉得也不错，在当宰相时每天忙于公务，哪有时间写作，刚好有大量的时间可以"挥霍"，于是他潜心著述，写有杂序数十篇，定名为《穷愁志》，这是后人研究李德裕的主要著作之一。

唐宣宗大中二年（848年）秋九月，朝廷再贬潮州司户李德裕为崖州司户。

一贬再贬，李德裕已身心疲惫，心情苦闷，但沿途风景如画，心胸顿觉开阔，当他行到岭南道上时，道中溪流纵横交错，地势迂回曲折，置身其间，茫然不知身在何处。沿途随处可见高大的乔木，绿树丛阴下，溪流显得格外幽深。他在旅途中提心吊胆，担心遇上毒雾，碰着蛇草；为了躲避沙虫，看见燕子衔泥也会急忙让开。这里的风俗很特别，五月即收稻米，三更公鸡就打鸣，每当涨潮，它还会按时啼叫，这时津吏就会通知乡民潮汛要来了。这一切让人一时难以适应，看着这鲜艳欲滴的红槿花，听着这树上越鸟的鸣叫，想起家乡，这谪居岁月何时是个尽头，想起这些真是肝肠寸断。

这年除夕，李德裕还在赴崖州途中。守岁本来应是家人团聚之时，眼见周围的人家都在团聚，辞旧迎新，李德裕却远谪南荒，乡关路邈，翘首北望，若何为情！此刻"牛党"当政，不仅李德裕个人遭到诬陷迫害，国家的前途也令人担心。身世之感，乡关之思，以及对国家前途的忧虑，往日在家中、在京中守岁的美好情景，今日在贬所客居的凄楚景象，千万种情思，一齐涌上心头。于是李德裕写下了这首《岭外守岁》："冬去更筹尽，春随斗柄回。寒暄一夜隔，客鬓两年催。"

大中三年（849 年）正月，李德裕终于到达了位于海南岛的珠崖郡。

第二十一章

遐荒天涯

万古良相，功高遭贬。

大中三年（849年），李德裕最终被流放到孤悬海外的海南岛。唐代海南岛因之与李德裕结下不解之缘。

李德裕平生功业品德，彪炳史册，唯其流放海南岛上的贬居地，究竟是在唐代的崖州，还是振州，由于正史无确载，加上海南地方志各有所记，以及后人误读"贬制"等原因，致使讼争不息，莫衷一是。

在唐代宣宗朝，海南岛上的州级建置有振州、崖州、儋州、万州等四州，其中，崖州在岛北（今海口市域），振州在岛南（今三亚市域）。持贬居地在岛北崖州之说，以所贬李德裕"诏制"中有"可崖州司户参军员外置同正员"一说为依据。其实，这无疑是误读。只要对当时再贬李德裕"诏制"作认真的解读，就不难得出答案，揭开悬案。

从自潮州再贬李德裕"诏制"的内容上看，李德裕并不是贬来海南岛任"崖州司户参军"的。宣宗皇帝将李德裕贬到海南岛，主要是按唐代律典加重对其治罪处罚。至于"诏制"中所提及的"可崖州司户参军置同正员"，并不是真正授给正员实职，名义上的"司户参军"，只是个虚职，而"员外置同正员"，才是至关重要的关键词。按唐代官制，所谓"员外置同正员"，就是在正员编制之外安置的人员，此类"官员"，既不能厘务，也无衙舍可居，只是象征性给予同正员职级薪俸而已。唐代崖州建制级别属下州，按编制只配置一名执掌地方户籍的司户参军，品级从八品下。贬诏中"可崖州司户参军员外置同正员"，这就是说，在编外安置期间可给予如同崖州司户参军正员一样的薪俸。由此可见，李德裕被贬到海南岛上，还不是"司户参军"正员，而只是仅可领取从八品下薪俸的编外非正式官。古代广东及海南地方志在"秩官志"中，只志其为"崖州司户参军"，而舍掉了最关键的"员外置同正员"，这严格来说是不尽准确的。

从"贬制"中对李德裕施以的惩罚上看，李德裕已是被处以流放服刑的罪犯。李德裕罢相后，降为留守东都太子少保，虽然被削夺了全部实权，但政敌仍容不得他"尚居保傅之荣，犹列清崇之地"，继续诬陷构罪，以致将"留守"改为"窜斥"，把他逐出洛阳，流窜到大陆濒海边缘的潮州。既窜潮州，政敌仍不罢休，人还在遣送途中，即又以"数罪未穷""积恶既彰，公议难抑"为由，加重处罚，将"窜斥"改为"移投荒服"，最终达到把他投荒流放遐荒绝岛为目的。所谓"荒服"，是古代以京城为中心划分距离远近的"五服"之一，指离京城最僻远的地方。唐代律典中的"投荒服"，是仅次于处死的惩罚。此外，再贬李德裕"诏制"中还特别强调："纵逢恩赦，不在量移之限。"这表明皇帝告知天下，李德裕已是"大恶不赦"的罪犯。这对李德裕来说，意味着此生已不能得到朝廷的赦免，更没有回京城的机会了，唯有在流放地终身服刑，等待死亡。

唐代离京都最僻远的南方州郡是振州，相对崖州而言，振州才是名副其实的"荒服"之地。在不到一年时间内，迟暮之年的李德裕被累加罪名，一贬再贬，这足以说明，政敌迫不及待置之于死地。既达目的，弹冠相庆的政敌岂容其寓居趋于开化的岛北崖州，借奉"诏制"行事，将他流放到离京城最遥远的岛南振州这一天涯绝境，以投荒代诛，也许更接近当时李德裕所处的政治背景与历史事实。

在政敌的无情迫害下，李德裕一家及族属，在海岛过着缺衣少食的困苦生活。贬道险恶，天涯遐荒，垂暮离索的李德裕，一路走来，慷慨悲歌，表现出不馁气节。在视为天涯绝境的古崖州，他依然心系大唐江山，常常登高远眺，遥望中原，以忧国忧民、欲归不能的悲情，写下了荡气回肠的《望阙亭》："独上江亭望帝京，鸟飞犹是半年程。碧山只恐人归去，百匝千回绕郡城。"这一"望阙诗"，成为一曲绝响天涯、回荡中原的正气之歌。

在海岛，李德裕编订结集了遗著《穷愁志》。在贬途中，及到贬居地，李德裕都一直坚持自己的信念和操守，以笔为戈，"叙平生所志"，陆续写下了四十九篇真知灼见的文论。寓居海岛后，他在"地僻无书，心力久废"的穷困愁苦之中，潜心编订所撰文论，结集为三卷，定名为《穷愁志》。虽然沦落天涯，身陷囹圄，但《穷愁志》中的篇篇文论，充满着英伟之气。在李德裕的整个文学创作中，最具现实意义和最体现其思想的当推《穷愁志》。

在海岛，李德裕经受了家破人亡的沉痛打击。与他随贬的儿子与女儿，在贬所先后去世。大中三年（849 年）八月，六十二岁的妻子刘氏又在寓所病卒。在雪上加霜的悲痛之中，他亲撰《刘氏墓志铭》，铭记下夫妻被贬南迁后的患难与共和凄惨遭遇。李德裕在志文中说："舆峤拖舟，涉海居陋，无名医上药可以尽年，无香稻嘉蔬可以充膳，毒暑昼烁，瘴气夜侵，才及三时，遂至危殛……舍我而去，伤人诟论。"

李德裕在海岛生活清苦，远离家乡万里，音信全无，资财荡尽，一家人日子过得非常苦，而且疾病日重，度日维艰。药物尽穷，又无医人，为命信天，幸而自活。在写给表弟姚郜的信中他不讳言此时此地捉襟见肘的落魄："大海之中，无人拯恤，资储荡尽，家室一空，百口嗷然，往往绝食。"在另一封《寄家书》中他写道："琼与中原隔，自然音信疏。天涯无去雁，船上有回书。一别五羊外，相思万里余。开缄更多感，老泪湿霜须。"一封《寄家书》道尽万里相思，让人感慨不已。然而，李德裕并没有以个人的困苦为意，仍旧心系朝廷，关心京城的朝廷政局和百姓生活安危，却又感慨于权臣当道，欲归无望，心怀悲伤，写了一首诗《登崖州城作》，抒发了自己身在荒野，心怀朝廷的复杂心情：

独上高楼望帝京，鸟飞犹是半年程。
青山似欲留人住，百匝千遭绕郡城。

再读此诗，我们似乎还可以听到李德裕在登楼眺望"京城"和故乡时的那一声长叹。长叹悠悠，涵盖了他跌宕起伏的一生。

李德裕想让大唐再度雄起的梦也随着受贬而搁浅，但他不甘心，依然在海岛上盼望唐宣宗召自己回长安。李德裕一边为当地百姓造福，一边写了一篇论说《小人论》。李德裕写《小人论》是因为他恨白敏中。白敏中是白居易堂弟，唐武宗想用白居易，李德裕以白居易年迈脚不方便为由，向唐武宗推荐了白敏中，李德裕在执政时，就推荐白敏中为翰林学士。唐宣宗上台，白敏中知道唐宣宗不喜欢李德裕，便与人一起诋毁李德裕，并指使李咸揭发李德裕的罪行，使得李德裕被贬为闲官，白敏中趁机夺得了李德裕的宰相之位。即使在李德裕被贬谪后，白敏中还不罢休，从而造成李德裕一贬再贬，直到被贬到天涯海角。李德裕在《小人论》中大骂小人：“世所谓小人者，便辟巧佞，翻覆难信，此小人常态，不足惧也；以怨报德，此其甚者也；背本忘义，抑又次之。便辟者疏远之，则无患矣；翻覆者不信之，则无尤矣；唯以怨报德者，不可以预防，此所谓小人之甚者也；背本者虽不害人，亦不知感。昔伤蛇傅药而能报，飞鹓食椹而怀音，以怨报德者不及伤蛇远矣，背本忘义者不及飞鹓远矣。”

大中三年（849 年）十月，一病不起的李德裕，意识到将不久于世，回想自己一生，历任宪宗、穆宗、敬宗、文宗、武宗、宣宗六朝，从公元 806 年以门荫入仕为秘书省校书郎之职，到公元 849 年卒于被贬的海南崖州，浮沉于政坛四十余载，五次进京为官，四次被贬、被排挤离开京城。如今落魄，感慨不已，在寓所写下了《祭韦相执谊文》。韦执谊是唐代顺宗朝宰相，“永贞革新”失败后被贬为“崖州司马员外置同正员”，卒葬崖州。李德裕是在韦执谊逝世四十四年后，才被流放到海南岛上。此时，李德裕想到，虽然是同样的遭遇，但韦执谊在行将逝世即获昭雪，重彰功名，而自己垂死之际仍背负罪名，沉冤天涯，更不知道后人会作何种评价？为此，他借遥祭韦执谊，表达“一遭谗疾，投身荒瘴"的感受，泣诉自己无由伸张之冤，这其实是李德裕在绝望中的自我哀悼。

李德裕在海岛寓居近一年，于大中三年（849年）十二月含冤忧郁而死，终年六十三岁。李德裕的死预示着唐王朝持续了几十年的"牛李党争"逐渐平息下来。

刘氏死后半年，其子李烨才得到消息，那时李烨因受父亲牵连而获罪贬入蒙州立山县，一切都要看别人眼色行事，他小心翼翼向桂管廉察使张鹭请求奔丧，因张鹭是牛党中人，没有批准，直到三年后才获准李烨"扶护帷裳"。这时，李德裕已死去两年多了。李烨亲躬海南岛，将父李德裕、母刘氏及"昆弟、亡姊凡六丧"，以及"洎仆驭辈有死于海上者"的灵柩，自贬居地护送归葬洛阳，用时七个多月。李烨在志文中详细记述了这一过程，从而让后人了解到当时残酷的政治斗争和社会政治经济生活状况。

咸通元年（860年），懿宗皇帝感叹李德裕泽被后世的功绩，下诏恢复太子少保、卫国公官爵，追赠尚书左仆射。李德裕去世十年后，终获平反昭雪。

李德裕做宰相时，在京城所居安邑里，有院号"起草"，有个亭子叫"精思"，每计大事，则处其中，虽左右侍御不得豫。不喜饮酒，后房无声色娱。生平所论著多行于世云。李德裕以有才、建功自负，突出于众，不甚合群。喜欢著书撰文，褒奖善良憎恨邪恶；虽居宰相之位，却不中断读书。与李德裕同期在朝为官的郑亚，将李德裕在会昌年间担任宰相期间所起草的册命、表议、碑赞、军机羽檄等加以整理，综合在一起，共计二十卷，定名为《会昌一品集》，并亲自写了一篇序言，题为《李文饶文集序》。

后人又汇总李德裕的诗赋、表状、文论编为《别集》十卷、

《外集》四卷，合称为《李文饶文集》，流传至今。

纵观李德裕的一生，他的人生底色始终是奋发昂扬、积极进取的。面对山河日下、危机四伏、摇摇欲坠的唐朝，李德裕胸怀大志，忠心报国，勤勉为政。安史之乱后的唐王朝，因藩镇割据，中央集权受到了挑战，国家赋税锐减，土地兼并严重，边患频仍，宦官专权，皇帝威信全无。正是在这样的情况下，李德裕辅佐唐武宗，开创了"会昌中兴"的局面。

特别是他受命于危难之际，两度位居宰相职位时，以过人的勇气与智谋，施展文韬武略，征讨藩镇叛乱，抑制宦官专权，平定外族入侵，巩固边防军政，清退多余官吏，禁除佛教扩张，移风易俗，教化民风，对朝政可谓是功莫大焉。李德裕清廉正直，光明磊落，一生为国为民，表现了中国历史上一代卓越政治家、军事家的杰出才干与风范，赢得了后人的高度赞誉，历朝历代评价甚高。

与李德裕同期的晚唐大诗人李商隐在给《会昌一品集》作序时，称赞李德裕为"成万古之良相，为一代之高士"。近代梁启超将他与管仲、商鞅、诸葛亮、王安石、张居正并列，称为我国古代六大政治家之一。

现当代的一些历史学家和学者也都普遍认为李德裕是晚唐时期最杰出的政治家、文学家，功业显赫辉煌，彪炳史册。比如，郭沫若就认为李德裕是一位文学大家，可以同"唐宋八大家"之一的韩愈相提并论。他在《李德裕在海南岛上》一文中写道："《李文饶文集》后序的作者，把李德裕和韩愈并举，看来是有见地的，政治家李德裕，同时也是一位文学家。"

李德裕作为晚唐时期最杰出的政治家、大唐最后的贤相，其功绩将永载史册！

附录一

李德裕大事记

唐德宗贞元三年（787 年），李德裕出生于祖、父两代为官的官宦世家。

唐宪宗元和二年（807 年），父亲李吉甫升任宰相。李德裕为避嫌，离开京城到地方节度使幕府做官。

元和九年（814 年），父亲李吉甫在宰相任上去世。

元和十二年（817 年），张弘靖罢相，出任河东节度使，聘请李德裕为其节度使幕府掌书记。

元和十四年（819 年）五月，张弘靖又被征召入朝，封为吏部尚书。李德裕跟随张弘靖一块入朝，官拜监察御史。

元和十五年（820 年），李德裕被召入翰林院，充任翰林学士。穆宗尚在东宫时，便素闻李吉甫之名，因此对李德裕非常器重，常让他起草朝廷的诏制典册。李德裕还被召到思政殿问对，获赐紫衣、金鱼袋，后改授屯田员外郎。

唐穆宗长庆元年（821 年），李德裕针对当时外戚干政的现象上疏，唐穆宗赞同其认为驸马不得与朝廷要员相来往的建议。不久，李德裕改任考功郎中、知制诰。

长庆二年（822年）二月初五，朝廷任命李德裕为中书舍人，仍旧担任翰林学士。九月，李德裕受李逢吉排挤出京城，为浙西观察使。

唐敬宗宝历元年（825年），李德裕向敬宗皇帝献上《丹扆六箴》进行劝谏。

唐文宗大和三年（829年）八月，文宗皇帝下诏李德裕为兵部侍郎，进京赴任。九月十五日，朝廷以兵部侍郎李德裕为检校户部尚书，兼滑州刺史、义成军节度使。

大和四年（830年）秋，李德裕赴四川任职，出任成都尹、剑南西川节度使，兼任新繁县令。

大和五年（831年），西川节度使李德裕奏请朝廷派遣使者到南诏要求索还被抓的蜀中百姓，得到4000人而还。九月，吐蕃维州副使率众请降，李德裕遣将接受，一举扭转了唐朝的被动战略态势。

大和六年（832年），朝廷任命李德裕为兵部尚书，召回朝廷。

大和七年（833年）二月二十八日，朝廷任命李德裕为宰相，晋封为赞皇伯，食邑七百户。

大和八年（834年）十月初五，朝廷调李德裕为检校兵部尚书、同平章事，出任兴元尹、山南西道节度使。李德裕被罢了宰相，这时距他执政仅一年七个月零七天。十月十七日，文宗皇帝下诏任命李德裕为兵部尚书。

唐文宗开成元年（836年），皇帝下诏升李德裕为检校户部尚书，充任浙西观察使，这是他第三次前往镇守浙西了，前后达十余年。

开成五年（840年），文宗去世，唐武宗即位。这年九月，唐武宗下诏任命李德裕为吏部尚书、同平章事。不久，又兼任门下侍郎。时年五十四岁。

唐武宗会昌元年（841年），李德裕兼左仆射。不久，李德裕职位晋升为司空。

会昌三年（843年）正月，李德裕上《请罢呈榜奏》，革除了科举考试放榜前先送宰相呈阅的弊政惯例。解决了回鹘问题，巩固了北部边防。

会昌四年（844年），李德裕决策用兵，平定了刘稹叛乱。唐武宗论功行赏，加封李德裕为太尉、赵国公，食邑三千户，后将"赵国公"改为"卫国公"。

会昌五年（845年），李德裕辅助唐武宗开展了一场全国范围的禁佛毁寺运动。

会昌六年（846年），唐武宗去世，宣宗即位。宣宗亲政后不久便先去李德裕的宰相之职，将他外放为荆南节度使。九月，免去了同平章事的宰相头衔，贬为东都留守。

唐宣宗大中元年（847年），李德裕被贬为太子少保，分司东都事务。秋七月，遭宰相白敏中排挤诬陷，朝廷再贬李德裕为潮州司马员外郎。贬潮州期间，潜心著述。

大中二年（848年），朝廷再贬李德裕为崖州司户。

大中三年（849年）正月，李德裕携家眷来到海南珠崖郡。这年冬天十二月十日，在贬所去世，享年六十三岁。

1

无题

松倚苍崖老，兰临碧洞衰。不劳邻舍笛，吹起旧时悲。

2

长安秋夜

内宫传诏问戎机，载笔金銮夜始归。

万户千门皆寂寂，月中清露点朝衣。

3

郊坛回舆，中书二相公蒙圣慈召至御马前，仰感恩遇，辄书是诗，兼呈二相公

七萃和銮动，三条葆吹回。相星环日道，苍马近龙媒。

咫尺天颜接，光华喜气来。自惭衰且病，无以效涓埃。

4

南梁行

江南郁郁春草长，悠悠汉水浮清光。

杂英飞尽空和景，绿杨阴重官舍静。

此时醉客纵横书，公言可荐承明庐。

青天诏下宠光至，颁籍金闺征石渠。

重归山路烟岚隔，巫山未深晚花折。

涧底红光夺目燃，摇风有毒愁行客。

杜鹃啼咽花亦殷，声悲绝艳连空山。

斜阳瞥映浅深树，云雨翻迷崖谷间。

山鸡锦质矜毛羽，透竹穿萝命俦侣。

乔木幽谷上下同，雄雌不异飞栖处。

望秦峰迥过商颜，浪叠云堆万簇山。

行尽杳冥青嶂外，九重钟漏紫云间。

元和列侍明光殿，谏草初焚市朝变。

北阙趋臣半隙尘，南梁笑客皆飞霰。

追思感叹却昏迷，霜鬓愁吟到晓鸡。

故园岁深开断简，秋堂月晓掩遗褀。

呜呜晓角霞辉粲，抚剑当楹一长叹。

刍狗无由学圣贤，空持感激终昏旦。

5

寒食日三殿侍宴，奉进诗一首

宛转龙歌节，参差燕羽高。风光摇禁柳，霁色暖宫桃。

春露明仙掌，晨霞照御袍。雪凝陈组练，林植耸干旄。

广乐初跄凤，神山欲抃鳌。鸣箛朱鹭起，叠鼓紫骍豪。

象舞严金铠，丰歌耀宝刀。不劳孙子法，自得太公韬。

分席罗玄冕，行觞举绿醪。彀中时落羽，橦末乍升猱。

瑞景开阴翳，薰风散郁陶。天颜欢益醉，臣节劲尤高。

楛矢方来贡，雕弓已载囊。英威扬绝漠，神算尽临洮。

赤县阳和布，苍生雨露膏。野平惟有麦，田辟久无蒿。

禄秩荣三事，功勋乏一毫。寝谋惭汲黯，秉羽贵孙敖。

焕若游玄圃，欢如享太牢。轻生何以报，只自比鸿毛。

6

早入中书行公主册礼事毕，登集贤阁成咏

明星入东陌，灿灿光层宙。皎月映高梧，轻风发凉候。

金门列葆吹，钟室传清漏。简册自中来，貂黄忝宣授。

更登天禄阁，极眺终南岫。遥羡商山翁，闲歌紫芝秀。

晨兴念始辱，夕惕思致寇。倾夺非我心，凄然感田窦。

7

鸳鸯篇

君不见昔时同心人，化作鸳鸯鸟。

和鸣一夕不暂离，交颈千年尚为少。

二月草菲菲，山樱花未稀。

金塘风日好，何处不相依。

既逢解佩游女，更值凌波宓妃。

精光摇翠盖，丽色映珠玑。

双影相伴，双心莫违。

淹留碧沙上，荡漾洗红衣。

春光兮宛转，嬉游兮未反。

宿莫近天泉池，飞莫近长洲苑。

尔愿欢爱不相忘，须去人间罗网远。

南有潇湘洲，且为千里游。

洞庭无苦寒，沅江多碧流。

昔为薄命妾，无日不含愁。

今为水中鸟，颉颃自相求。

洛阳女儿在青阁，二月罗衣轻更薄。

金泥文彩未足珍，画作鸳鸯始堪著。

亦有少妇破瓜年，春闺无伴独婵娟。

夜夜学织连枝锦，织作鸳鸯人共怜。

悠悠湘水滨，清浅漾初蘋。

菖花发艳无人识，江柳逶迤空自春。

唯怜独鹤依琴曲，更念孤鸾隐镜尘。

愿作鸳鸯被，长覆有情人。

8

初归平泉，过龙门南岭，遥望山居即事

初归故乡陌，极望且徐轮。近野樵蒸至，平泉烟火新。

农夫馈鸡黍，渔子荐霜鳞。惆怅怀杨仆，惭为关外人。

9

思在山居日偶成此咏邀松阳子同作

闲思昔岁事，忽忽念伊川。乘月步秋坂，满山闻石泉。

回塘碧潭映，高树绿萝悬。露下叫田鹤，风来嘶晚蝉。

怀兹长在梦，归去且无缘。幽谷人未至，兰茗应更鲜。

10

奉和圣制南郊礼毕诗

磬筦歌大吕，冕裘旅天神。烧萧辟阊阖，祈谷为蒸人。

羽旗洒轻雪，麦陇含阳春。昌运岁今会，王猷从此新。

三臣皆就日，万国望如云。仁寿信非远，群生方在钧。

11

秋日美晴，郡楼闲眺，寄荆南张书记

高槛凉风起，清川旭景开。秋声向野去，爽气自山来。

霄外鸿初返，檐间燕已归。不因烟雨夕，何处梦阳台。

12

春暮思平泉杂咏二十首·花药栏

蕙草春已碧，兰花秋更红。四时发英艳，三径满芳丛。

秀色濯清露，鲜辉摇惠风。王孙未知返，幽赏竟谁同。

13

首夏清景想望山居

嘉树阴初合，山中赏更新。禽言未知夏，兰径尚余春。

散满萝垂带，扶疏桂长轮。丹青写不尽，宵梦叹非真。

累榭空留月，虚舟若待人。何时倚兰棹，相与掇汀蘋。

14

奉和太原张尚书山亭书怀

岩石在朱户，风泉当翠楼。始知岘亭赏，难与清晖留。

馀景淡将夕，凝岚轻欲收。东山有归志，方接赤松游。

15

秋日登郡楼望赞皇山感而成咏

昔人怀井邑，为有挂冠期。顾我飘蓬者，长随泛梗移。

越吟因病感，潘鬓入秋悲。北指邯郸道，应无归去期。

16

奉送相公十八丈镇扬州

千骑风生大旆舒，春江重到武侯庐。

共悬龟印衔新绶，同忆鳣庭访旧居。

取履桥边啼鸟换，钓璜溪畔落花初。

今来却笑临邛客，入蜀空驰使者车。

17

忆金门旧游奉寄江西沈大夫

东望沧溟路几重，无因白首更相逢。

已悲泉下双琪树，又惜天边一卧龙。

人事升沉才十载，宦游漂泊过千峰。

思君远寄西山药，岁暮相期向赤松。

18

峡山亭月夜独宿对樱桃花有怀伊川别墅

皎月照芳树，鲜葩含素辉。愁人惜春夜，达曙想岩扉。

风静阴满砌，露浓香入衣。恨无金谷妓，为我奏思归。

19

春暮思平泉杂咏二十首·潭上紫藤

故乡春欲尽，一岁芳难再。岩树已青葱，吾庐日堪爱。

幽溪人未去，芳草行应碍。遥忆紫藤垂，繁英照潭黛。

20

春暮思平泉杂咏二十首·红桂树

欲求尘外物，此树是瑶林。后素合馀绚，如丹见本心。

妍姿无点辱，芳意托幽深。愿以鲜葩色，凌霜照碧浔。

21

春暮思平泉杂咏二十首·山桂

吾爱山中树，繁英满目鲜。临风飘碎锦，映日乱非烟。

影入春潭底，香凝月榭前。岂知幽独客，赖此当朱弦。

22

春暮思平泉杂咏二十首·西园

西园最多趣，永日自忘归。石濑流清浅，风岑澹翠微。

晓翻红药艳，晴裛碧潭辉。独望娟娟月，宵分半掩扉。

23

春暮思平泉杂咏二十首 · 海石楠

昔见历阳山，鸡笼已孤秀。今看海峤树，翠盖何幽茂。

霰雪讵能侵，烟岚自相揉。攀条独临憩，况值清阴昼。

24

春暮思平泉杂咏二十首 · 双碧潭

清刼与严湍，潺湲皆可忆。适来玩山水，无此秋潭色。

莫辨幽兰丛，难分翠禽翼。迟迟洲渚步，临眺忘餐食。

25

春暮思平泉杂咏二十首 · 自叙

五岳径虽深，遍游心已荡。苟能知止足，所遇皆清旷。

七十难可期，一丘乃微尚。遥怀少室山，常恐非吾望。

26

思平泉树石杂咏一十首 · 泛池舟

桂舟兰作枻，芬芳皆绝世。只可弄潺湲，焉能济大川。

树悬凉夜月，风散碧潭烟。未得同鱼子，菱歌共扣舷。

27

重忆山居六首 · 平泉源

山谷才浮芥，中园已滥觞。逶迤过竹坞，浩淼走兰塘。

夜静闻鱼跃，风微见雁翔。从兹东向海，可泛济川航。

28

重题

晚日临寒渚，微风发棹讴。凤池波自阔，鱼水运难留。

亭古思宏栋，川长忆夜舟。想公高世志，只似冶城游。

29

比闻龙门敬善寺有红桂树独秀伊川，尝于江南

昔闻红桂枝，独秀龙门侧。越叟遗数株，周人未尝识。

平生爱此树，攀玩无由得。君子知我心，因之为羽翼。

岂烦嘉客誉，且就清阴息。来自天姥岑，长疑翠岚色。

芬芳世所绝，偃蹇枝渐直。琼叶润不凋，珠英粲如织。

犹疑翡翠宿，想待鹓雏食。宁止暂淹留，终当更封植。

30

思山居一十首·思乡园老人

常羡莘门翁，所思惟岁稔。遥知松月曙，尚在山窗寝。

兰气入幽帘，禽言傍孤枕。晨兴步岩径，更酌寒泉饮。

31

思山居一十首·忆药苗

溪上药苗齐，丰茸正堪掇。皆能扶我寿，岂止坚肌骨。

味掩商山芝，英逾首阳蕨。岂如甘谷士，只得香泉啜。

32
张公超谷中石

鼓箧依绿槐，横经起秋雾。有时连岳客，尚办弦歌处。

自予去幽谷，谁人袭芳杜。空留古苔石，对我岩中树。

33
山居遇雪喜道者相访

幽居近谷西，乔木与山齐。野竹连池合，岩松映雪低。

喜君来白社，值我在青豀。应笑於陵子，遗荣自灌畦。

34
早春至言禅公法堂忆平泉别业

昔我伊原上，孤游竹树间。人依红桂静，鸟傍碧潭闲。

松盖低春雪，藤轮倚暮山。永怀桑梓邑，衰老若为还。

35
春暮思平泉杂咏二十首·书楼晴望

幽居人世外，久厌市朝喧。苍翠连双阙，微茫认九原。

残红映巩树，斜日照轘辕。薄暮柴扉掩，谁知仲蔚园。

36
春暮思平泉杂咏二十首·瀑泉亭

向老多悲恨，凄然念一丘。岩泉终古在，风月几年游。

菌阁饶佳树，菱潭有钓舟。不如羊叔子，名与岘山留。

37

春暮思平泉杂咏二十首·金松

台岭生奇树，佳名世未知。纤纤疑大菊，落落是松枝。
照日含金晰，笼烟淡翠滋。勿言人去晚，犹有岁寒期。

38

春暮思平泉杂咏二十首·柏

闻有三株树，惟应秘阁风。珊瑚不生叶，朱草又无丛。
未若凌云柏，常能终岁红。晨霞与落日，相照在岩中。

39

春暮思平泉杂咏二十首·流杯亭

激水自山椒，析波分浅濑。回环疑古篆，诘曲如萦带。
宁愿羽觞迟，惟欢亲友会。欲知中圣处，皓月临松盖。

40

思平泉树石杂咏一十首·钓台

我有严湍思，怀人访故台。客星依钓隐，仙石逐槎回。
倒影含清沚，凝阴长碧苔。飞泉信可挹，幽客未归来。

41

思平泉树石杂咏一十首·似鹿石

林中有奇石，仿佛兽潜行。乍似依岩桂，还疑食野苹。
茸长绿藓映，斑细紫苔生。不是见羁者，何劳如顿缨。

42

思平泉树石杂咏一十首 · 重台芙蓉

芙蓉含露时，秀色波中溢。玉女袭朱裳，重重映皓质。

晨霞耀丹景，片片明秋日。兰泽多众芳，妍姿不相匹。

43

思平泉树石杂咏一十首 · 白鹭鸶

余心怜白鹭，潭上日相依。拂石疑星落，凌风似雪飞。

碧沙常独立，清景自忘归。所乐惟烟水，徘徊恋钓矶。

44

重忆山居六首 · 巫山石

十二峰前月，三声猿夜愁。此中多怪石，日夕漱寒流。

必是归星渚，先求历斗牛。还疑烟雨霁，仿佛是嵩丘。

45

重忆山居六首 · 罗浮山

龙伯钓鳌时，蓬莱一峰坼。飞来碧海畔，遂与三山隔。

其下多长溪，潺湲淙乱石。知君分如此，赠逾荆山璧。

46

重忆山居六首 · 漏潭石

常疑六合外，未信漆园书。及此闻溪漏，方欣验尾闾。

大哉天地气，呼吸有盈虚。美石劳相赠，琼瑰自不如。

47

追和太师颜公同清远道士游虎丘寺

茂苑有灵峰，嗟余未游观。藏山半平陆，坏谷为高岸。

冈绕数仞墙，岩潜千丈干。乃知造化意，回斡资奇玩。

镠腾昔虎踞，剑没尝龙焕。潭黛入海底，峯岑耸霄半。

层峦未升日，哀狖宁知旦。绿筱夏凝阴，碧林秋不换。

冥搜既窈窕，回望何萧散。川晴岚气收，江春杂英乱。

逸人缀清藻，前哲留篇翰。共扣哀玉音，皆舒文绣段。

难追彦回赏，徒起兴公叹。一夕如再升，含毫星斗烂。

48

题剑门

奇峰百仞悬，清眺出岚烟。迥若戈回日，高疑剑倚天。

参差霞壁耸，合沓翠屏连。想是三刀梦，森然在目前。

49

汉州月夕游房太尉西湖

丞相鸣琴地，何年闭玉徽。偶因明月夕，重敞故楼扉。

桃柳谿空在，芙蓉客暂依。谁怜济川楫，长与夜舟归。

50

思山居一十首·忆葛胜木禅床

忆我斋中榻，寒宵几独眠。管宁穿亦坐，徐孺去常悬。

虫网垂应遍，苔痕染更鲜。何人及身在，归对老僧禅。

51

思山居一十首·初夏有怀山居

山中有所忆，夏景始清幽。野竹阴无日，岩泉冷似秋。

翠岑当累榭，皓月入轻舟。只有思归夕，空帘且梦游。

52

郊外即事寄侍郎大尹

高秋惭非隐，闲林喜退居。老农争席坐，稚子带经锄。

竹径难回骑，仙舟但跂予。岂知陶靖节，只自爱吾庐。

53

春暮思平泉杂咏二十首·望伊川

远村寒食后，细雨度川来。芳草连谿合，梨花映墅开。

槿篱悬落照，松径长新苔。向夕亭皋望，游禽几处回。

54

春暮思平泉杂咏二十首·芳荪

楚客重兰荪，遗芳今未歇。叶抽清浅水，花照暄妍节。

紫艳映渠鲜，轻香含露洁。离居若有赠，暂与幽人折。

55

春暮思平泉杂咏二十首·东谿

近蓄东谿水，悠悠起绿波。彩鸳留不去，芳草日应多。

夹岸生奇筱，缘岩覆女萝。兰桡思无限，为感濯缨歌。

56

思平泉树石杂咏一十首·二猿

钓濑水涟漪，富春山合沓。松上夜猿鸣，谷中清响合。

冲网忽见羁，故山从此辞。无由碧潭饮，争接绿萝枝。

57

怀伊川郊居

衰疾常怀土，郊园欲掩扉。虽知明目地，不及有身归。

巩树秋阴遍，伊原霁色微。此生看白首，良愿已应违。

58

晨起见雪忆山居

忽忆岩中雪，谁人拂薜萝。竹梢低未举，松盖偃应多。

山溜随冰落，林麋带霰过。不劳闻鹤语，方奏苦寒歌。

59

忆平泉杂咏·忆初暖

今日初春暖，山中事若何。雪开喧鸟至，渐散跃鱼多。

幽翠生松栝，轻烟起薜萝。柴扉常昼掩，惟有野人过。

60

山信至说平泉别墅草木滋长，地转幽深，怅然

忽闻樵客语，暂慰野人心。幽径芳兰密，闲庭秀木深。

麋麚来涧底，凫鹄遍川浔。谁念沧溟上，归欤起叹音。

61

近于伊川卜山居，将命者画图而至，欣然有感

弱岁弄词翰，遂叨明主恩。怀章过越邸，建旆守吴门。

西坦阴难驻，东皋意尚存。惭逾六百石，愧负五千言。

寄世知婴缴，辞荣类触藩。欲追绵上隐，况近子平村。

邑有桐乡爱，山余黍谷暄。既非逃相地，乃是故侯园。

野竹多微径，严泉岂一源。映池方树密，傍涧古藤繁。

邛杖堪扶老，黄牛已服辕。只应将唳鹤，幽谷共翩翻。

62

早秋龙兴寺江亭闲眺忆龙门山居寄崔张旧从事

江亭感秋至，兰径悲露泫。粳稻秀晚川，杉松郁晴巘。

嗟予有林壑，兹夕念原衍。绿筱连岭多，青莎近溪浅。

渊明菊犹在，仲蔚蒿莫翦。乔木粲凌苕，阴崖积幽藓。

遥思伊川水，北渡龙门岘。苍翠双阙间，逶迤清滩转。

故人在乡国，岁晏路悠缅。惆怅此生涯，无由共登践。

63

思平泉树石杂咏一十首·叠石

潺湲桂水湍，漱石多奇状。鳞次冠烟霞，蝉联叠波浪。

今来碧梧下，迥出秋潭上。岁晚苔藓滋，怀贤益惆怅。

64

思平泉树石杂咏一十首·舴艋舟

无轻舴艋舟，始自鸱夷子。双阙挂朝衣，五湖极烟水。

时游杏坛下,乍入湘川里。永日歌濯缨,超然谢尘滓。

65

雨后净望河西连山怆然成咏

宿雨初收晚吹繁,秋光极目自销魂。

烟山北下归辽海,鸿雁南飞出蓟门。

只恨无功书史籍,岂悲临老事戎轩。

唯怀药饵蠲衰病,为惜余年报主恩。

66

尊师是桃源黄先生传法弟子,常见尊师称先师

后学方成市,吾师又上宾。洞天应不夜,源树只如春。

棋客留童子,山精避直神。无因握石髓,及与养生人。

67

忆平泉山居,赠沈吏部一首

昔闻羊叔子,茅屋在东渠。岂不念归路,徘徊畏简书。

乃知轩冕客,自与田园疏。殁世有遗恨,精诚何所如。

嗟予寡时用,夙志在林间。虽抱山水癖,敢希仁智居。

清泉绕舍下,修竹荫庭除。幽径松盖密,小池萍叶初。

从来有好鸟,近复跃鲦鱼。少室映川陆,鸣皋对蓬庐。

张何旧寮寀,相勉在悬舆。常恐似伯玉,瞻前惭魏舒。

68

雪霁晨起

雪覆寒溪竹,风卷野田蓬。四望无行迹,谁怜孤老翁。

69

春暮思平泉杂咏二十首·竹径

野竹自成径，绕溪三里余。檀栾被层阜，萧瑟荫清渠。

日落见林静，风行知谷虚。田家故人少，谁肯共焚鱼。

70

临海太守惠予赤城石，报以是诗

闻君采奇石，剪断赤城霞。潭上倒虹影，波中摇日华。

仙岩接绛气，谿路杂桃花。若值客星去，便应随海槎。

71

盘陀岭驿楼

嵩少心期杳莫攀，好山聊复一开颜。

明朝便是南荒路，更上层楼望故关。

72

思山居一十首·思登家山林岭

自知无世用，只是爱山游。旧有嵇康懒，今惭赵武偷。

登峦未觉疾，泛水便忘忧。最惜残筋力，扪萝遍一丘。

73

春暮思平泉杂咏二十首·西岭望鸣皋山

高秋对凉野，四望何萧瑟。远见鸣皋山，青峰原上出。

晨兴采薇蕨，向暮归蓬荜。讵假数挥金，餐和养余日。

74

思平泉树石杂咏一十首·海鱼骨

昔日任公子，期年钓此鱼。无由见成岳，聊喜识专车。

皎皎连霜月，高高映碧渠。陶潜虽好事，观海只披图。

75

东郡怀古二首·王京兆

河水昔将决，冲波溢川浔。峥嵘金堤下，喷薄风雷音。

投马灾未弭，为鱼叹方深。惟公执珪璧，誓与身俱沉。

诚信不虚发，神明宜尔临。湍流自此回，咫尺焉能侵。

逮我守东郡，凄然怀所钦。虽非识君面，自谓知君心。

意气苟相合，神明无古今。登城见遗庙，日夕空悲吟。

76

遥伤茅山县孙尊师三首

蝉蜕遗虚白，蜕飞入上清。同人悲剑解，旧友觉衣轻。

黄鹄遥将举，斑麟俨未行。惟应鲍靓室，中夜识琴声。

金格期初至，飙轮去不停。山摧武担石，天陨少微星。

弟子悲徐甲，门人泣蔡经。空闻留玉舄，犹在阜乡亭。

空宇留丹灶，层霞被羽衣。旧山闻鹿化，遗舄尚凫飞。

数日奇香在，何年白鹤归。想君旋下泪，方款里闾扉。

77

仆射相公偶话于故集贤张学士厅写得德裕与仆

赋感邻人笛，诗留夫子墙。延年如有作，应不用山王。

78

思归赤松村呈松阳子

昔人思避世，惟恐不深幽。禽庆潜名岳，鸱夷漾钓舟。
顾余知止足，所乐在归休。不似寻山者，忘家恣远游。

79

思山居一十首·题寄商山石

绮皓岩中石，尝经伴隐沦。紫芝呈几曲，红藓閟千春。
聊用支琴尾，宁惟倚病身。自知来处所，何暇问严遵。

80

潭上喜见新月

簪组十年梦，园庐今夕情。谁怜故乡月，复映碧潭生。
皓彩松上见，寒光波际轻。还将孤赏意，暂寄玉琴声。

81

春暮思平泉杂咏二十首·月桂

何年霜夜月，桂子落寒山。翠干生岩下，金英在世间。
幽崖空自老，清汉未知还。惟有凉秋夜，嫦娥来暂攀。

82

忆平泉杂咏·忆野花

虽游洛阳道，未识故园花。晓忆东谿雪，晴思冠岭霞。

谷深兰色秀，村迥柳阴斜。怅望龙门晚，谁知小隐家。

83

忆平泉杂咏·忆春耕

郊外杏花坼，林间布谷鸣。原田春雨后，谿水夕流平。

野老荷蓑至，和风吹草轻。无因共沮溺，相与事岩耕。

84

余所居平泉村舍，近蒙韦常侍大尹，特改嘉名

未谢留侯疾，常怀仲蔚园。闲谣紫芝曲，归梦赤松村。

忽改蓬蒿色，俄吹黍谷暄。多惭孔北海，传教及衡门。

85

奉和韦侍御陪相公游开义五言六韵

羊公追胜概，兹地暂逍遥。风景同南岘，丹青见北朝。

石渠清夏气，高树激鲜飙。念法珍禽集，闻经醉象调。

偶分甘露味，偏觉众香饶。为问毗城内，余薰几日销。

86

清冷池怀古

区囿三百里，常闻驷马来。旌旗朝甬道，箫鼓燕平台。

追昔赋文雅，从容游上才。竹园秋水净，风苑雪烟开。

牛祸衅将发，羊孙谋始回。袁丝徒伏剑，长孺欲成灰。

兴废由所感，湮沦斯可哀。空留故池雁，刷羽尚徘徊。

87

招隐山观玉蕊树戏书即事奉寄江西沈大夫阁老

玉蕊天中树，金闺昔共窥。落英闲舞雪，蜜叶乍低帷。

旧赏烟霄远，前欢岁月移。今来想颜色，还似忆琼枝。

88

房公旧竹亭闻琴缅慕风流神期如在因重题此作

流水音长在，青霞意不传。独悲形解后，谁听广陵弦。

89

离平泉马上作

十年紫殿掌洪钧，出入三朝一品身。

文帝宠深陪雉尾，武皇恩厚宴龙津。

黑山永破和亲虏，乌领全阬跋扈臣。

自是功高临尽处，祸来名灭不由人。

90

到恶溪夜泊芦岛

甘露花香不再持，远公应怪负前期。

青蝇岂独悲虞氏，黄犬应闻笑李斯。

风雨瘴昏蛮日月，烟波魂断恶溪时。

岭头无限相思泪，泣向寒梅近北枝。

91

夏晚有怀平泉林居

孟夏守畏途，舍舟在徂暑。愀然何所念，念我龙门坞。

密竹无蹊径，高松有四五。飞泉鸣树间，飒飒如度雨。

菌桂秀层岭，芳荪媚幽渚。稚子候我归，衡门独延伫。

谁言圣与哲，曾是不怀土。公旦既思周，宣尼亦念鲁。

矧余窜炎裔，日夕谁晤语。眷阙悲子牟，班荆感椒举。

凄凄视环玦，恻恻步庭庑。岂待庄舄吟，方知倦羁旅。

92

怀山居邀松阳子同作

我有爱山心，如饥复如渴。出谷一年余，常疑十年别。

春思岩花烂，夏忆寒泉列。秋忆泛兰卮，冬思玩松雪。

晨思小山桂，暝忆深潭月。醉忆剖红梨，饭思食紫蕨。

坐思藤萝密，步忆莓苔滑。昼夜百刻中，愁肠几回绝。

每念羊叔子，言之岂常辍。人生不如意，十乃居七八。

我未及悬舆，今犹佩朝绂。焉能逐麋鹿，便得游林樾。

范蠡沧波舟，张怀赤松列。惟应讵身恤，岂敢忘臣节。

器满自当歆，物盈终有缺。从兹返樵径，庶可希前哲。

93

近腊对雪有怀林居

蓬门常昼掩，竹径寂无人。鸟起飘松霰，麇行动谷榛。

应知禽鱼侣，合与薜萝亲。遥忆平皋望，溪烟已发春。

94

思山居一十首 · 忆种茋时

尚平方毕娶，疏广念归期。涧底松成盖，檐前桂长枝。

径闲芳草合，山静落花迟。虽有茋园在，无因及种时。

95

春暮思平泉杂咏二十首 · 鸂鶒

清泚双鸂鶒，前年海上雏。今来恋洲屿，思若在江湖。

欲起摇荷盖，闲飞溅水珠。不能常泛泛，惟作逐波凫。

96

重忆山居六首 · 泰山石

鸡鸣日观望，远与扶桑对。沧海似熔金，众山如点黛。

遥知碧峰首，独立烟岚内。此石依五松，苍苍几千载。

97

雨中自秘书省访王三侍御，知早入朝，便入集

共怜独鹤青霞姿，瀛洲故山归已迟。

仁者焉能效鸳鹢，飞舞自合追长离。

梧桐迥齐鸩鹊观，烟雨屡拂蛟龙旗。

鸿雁冲飙去不尽，寒声晚下天泉池。

顾我蓬莱静无事，玉版宝书藏众瑞。

青编尽以汲冢来，科斗皆从鲁室至。

金门待诏何逍遥，名儒早问张子侨。

王褒轶材晚始入，宫女已能传洞箫。

应令柏台长对户，别来相望独寥寥。

98

赠圆明上人

远公说易长松下，龙树双经海藏中。

今日导师闻佛慧，始知前路化成空。

99

惠泉

兹泉由太洁，终不畜纤鳞。到底清何益，含虚势自贫。

明玑难秘彩，美玉讵潜珍。未及黄陂量，滔滔岂有津。

100

题冠盖里

偶来冠盖里，愧是旧三公。自喜无兵术，轻裘上閟宫。

101

重忆山居六首·钓石

严光隐富春，山色黤又碧。所钓不在鱼，挥纶以自适。

余怀慕君子，且欲坐潭石。持此返伊川，悠然慰衰疾。

102

忆平泉杂咏·忆药栏

野人清旦起，扫雪见兰芽。始畎春泉入，惟愁暮景斜。

未抽萱草叶，才发款冬花。谁念江潭老，中宵旅梦赊。

103

忆平泉杂咏·忆新藤

遥闻碧潭上，春晚紫藤开。水似晨霞照，林疑彩凤来。

清香凝岛屿，繁艳映莓苔。金谷如相并，应将锦帐回。

104

北固怀古

自有此山川，于今几太守。近世二千石，毕公宣化厚。

丞相量纳川，平阳气冲斗。三贤若时雨，所至跻仁寿。

105

访韦楚老不遇

昔日征黄绮，余惭在凤池。今来招隐士，恨不见琼枝。

106

戏赠慎微寺主道安上座三僧正

甘露洒空惟一味，旃檀移植自成薰。

遥知畅献分南北，应用调柔致六群。

107

题奇石

蕴玉抱清辉，闲庭日潇洒。块然天地间，自是孤生者。

108

送张中丞入台从事

驿骑朝天去，江城眷阙深。夜珠先去握，芳桂乍辞阴。

泽国三千里，羁孤万感心。自嗟文废久，此曲为卢谌。

109

怀京国

海上东风犯雪来，腊前先折镜湖梅。

遥思禁苑青春夜，坐待宫人画诏回。

110

思山居一十首·清明后忆山中

遥思寒食后，野老林下醉。月照一山明，风吹百花气。

飞泉与万籁，仿佛疑箫吹。不待曙华分，已应喧鸟至。

111

忆平泉杂咏·忆辛夷

昔年将出谷，几日对辛夷。倚树怜芳意，攀条惜岁滋。

清阴须暂憩，秀色正堪思。只待挥金日，殷勤泛羽卮。

112

忆平泉杂咏·忆寒梅

寒塘数树梅，常近腊前开。雪映缘岩竹，香侵泛水苔。

遥思清景暮，还有野禽来。谁是攀枝客，兹辰醉始回。

113

忆平泉杂咏·忆茗芽

谷中春日暖，渐忆掇茶英。欲及清明火，能销醉客醒。

松花飘鼎泛，兰气入瓯轻。饮罢闲无事，扪萝溪上行。

114

忆平泉杂咏·忆春雨

春鸠鸣野树，细雨入池塘。潭上花微落，溪边草更长。

梳风白鹭起，拂水彩鸳翔。最羡归飞燕，年年在故乡。

115

忆平泉杂咏·忆晚眺

伊川新雨霁，原上见春山。缭岭晴虹断，龙门宿鸟还。

牛羊平野外，桑柘夕烟间。不及乡园叟，悠悠尽日闲。

116

赠奉律上人

知君学地厌多闻，广渡群生出世氛。

饭色不应殊宝器，树香皆遣入禅薰。

117

寄题惠林李侍郎旧馆

栋宇非吾室，烟山是我邻。百龄惟待尽，一世乐长贫。

半壁悬秋日，空林满夕尘。只应双鹤吊，松路更无人。

118

东郡怀古二首·阳给事

宋氏远家左，豺狼满中州。阳君守滑台，终古垂英猷。

数仞城既毁，万夫心莫留。跳身入飞镞，免胄临霜矛。

毕命在旗下，僵尸横道周。义风激河汴，壮气沦山丘。

嗟尔抱忠烈，古来谁与俦。就烹感汉使，握节悲阳秋。

颜子缀清藻，铿然如素璆。徘徊望故垒，尚想精魂游。

119

题罗浮石

清景持芳菊，凉天倚茂松。名山何必去，此地有群峰。

120

思山居一十首·春日独坐思归

壮龄心已尽，孤赏意犹存。岂望图麟阁，惟思卧鹿门。

无谋堪适野，何力可拘原。只有容身去，幽山自灌园。

121

思山居一十首·寄龙门僧

龙门有开士，爱我春潭碧。清景出东山，闲来玩松石。

应怜林壑主，远作沧溟客。为我谢此僧，终当理归策。

122

思山居一十首·忆村中老人春酒

二叟茅茨下，清晨饮浊醪。雨残红芍药，风落紫樱桃。

巢燕衔泥疾，檐虫挂网高。闲思春谷事，转觉宦途劳。

123

伊川晚眺

桑叶初黄梨叶红，伊川落日尽无风。

汉储何假终南客，甪里先生在谷中。

124

洛中士君子多以平泉见呼，愧获方外方之名

非高柳下逸，自爱竹林闲。才异居东里，愚因在北山。

径荒寒未扫，门设昼长关。不及鸱夷子，悠悠烟水间。

125

思平泉树石杂咏一十首·海上石笋

常爱仙都山，奇峰千仞悬。迢迢一何迥，不与众山连。

忽逢海峤石，稍慰平生忆。何以慰我心，亭亭孤且直。